**복 있는 사람**

오직 여호와의 율법을 즐거워하여 그 율법을 주야로 묵상하는 자로다.
저는 시냇가에 심은 나무가 시절을 좇아 과실을 맺으며 그 잎사귀가 마르지 아니함 같으니
그 행사가 다 형통하리로다. (시편 1:2-3)

그리스도인이라면 꼭 읽어야 할 20세기 경건 서적을 꼽는다면 단연 A. W. 토저의 저서일 것이다. 본인은 젊어서부터 토저의 책이라면 빠짐없이 구입하여 탐독하였다. 그의 책이 오늘날 한국교회가 처해 있는 상황에 특별히 적실한 것은 그 내용이 서구 기독교가 급속히 쇠퇴의 길로 접어드는 시점에서 세상에 취해 혼미한 교회를 깨우는 광야의 소리였기 때문이다. 토저는 내적 생명력을 잃어 가면서도 여전히 화려하게 포장된 종교의 외관을 꿰뚫어 보는 혜안으로 당대 주류 교회의 얄팍함과 저속함을 날카롭게 지적하여 많은 이들의 마음을 불편하게 만들었다. 그래서 그들의 발자취를 그대로 답습하다가 몰락의 위기에 처한 한국교회도 이 선각자의 음성이 매우 부담스러울 것이다. 그러기에 더욱 토저를 읽어야 한다.
**박영돈** 고려신학대학원 교의학 교수

토저는 당대 모든 작가와 비할 수 없는 방식으로 영혼을 탐색하고, 부끄러움을 들추어내며, 참된 영적 예배의 높은 경지로 우리를 이끌어 준다.
**마틴 로이드 존스**

토저는 20세기의 위대한 기독교 작가로서, 그의 모든 책과 글에서 빛나는 하나님을 향한 열정은 우리의 얄팍함을 부끄럽게 만든다. 그의 책을 읽는 것은 사막에서 오아시스 물을 마시는 것과 같다.
**제임스 패커**

부요한 성경 지식과 풍성한 목회 경험을 기반으로 이 시대를 향해 예언자의 목소리를 내왔던 토저의 글은, 하나님의 백성들로 하여금 오늘날 흔히 볼 수 있는 진부하고 피상적인 기독교에서 벗어나 하나님을 진지하게 추구하도록 이끈다.
**제임스 몽고메리 보이스**

토저는 젊은 시절 나의 주된 멘토였다. 나에게 그보다 더 큰 영향을 끼친 기독교 작가는 없다.
**닐 앤더슨**

설교를 빛에 비유한다면, 토저는 강단에서 심령을 꿰뚫는 레이저 광선을 발사한다. 아직도 토저의 글을 읽어 본 적이 없다면, 더 기다리지 말고 읽으라. 성경 수련회에 일주일 참석하는 것보다 토저의 글을 30분 읽는 편이 더 나을 때가 많다.
**워렌 위어스비**

인간을 추구하시는 하나님

Aiden Wilson Tozer

God's Pursuit of Man

# 인간을 추구하시는 하나님

A. W. 토저 지음 | 정상윤 옮김

복 있는 사람

인간을 추구하시는 하나님

2016년 2월 18일 초판 1쇄 발행
2024년 9월 27일 초판 3쇄 발행

지은이 A. W. 토저
옮긴이 정상윤
펴낸이 박종현

(주) 복 있는 사람
주소 서울특별시 마포구 연남동 246-21(성미산로23길 26-6)
전화 02-723-7183, 7734(영업·마케팅) 팩스 02-723-7184
이메일 blesspjh@hanmail.net
등록 1998년 1월 19일 제1-2280호

ISBN 979-11-7083-159-4 04230
ISBN 979-11-7083-160-0 04230 (세트)

이 도서의 국립중앙도서관 출판예정도서목록(CIP)은
서지정보유통지원시스템 홈페이지(http://seoji.nl.go.kr)와 국가자료공동목록시스템(http://www.nl.go.kr/kolisnet)에서 이용하실 수 있습니다. (CIP 제어번호: 2016000723)

*God's Pursuit of Man*
by Aiden Wilson Tozer

Copyright ⓒ 1950, renewed 1978 by Lowell Tozer
Originally published in English as *God's Pursuit of Man*
by Moody Publishers, 820 N. LaSalle Boulevard, Chicago, IL 60610
All rights reserved.

This Korean translation edition ⓒ 2016 by The Blessed People Publishing Inc., Seoul, Republic of Korea.
This Korean edition is published by arrangement of Moody Publishers through rMaeng2, Seoul, Republic of Korea.

이 한국어판의 저작권은 알맹2 에이전시를 통하여 Moody Publishers와 독점 계약한 (주) 복 있는 사람에 있습니다. 신저작권법에 의하여 한국 내에서 보호받는 저작물이므로 무단 전재와 무단 복제를 금합니다.

영원한 세계의 순례자들,

이 땅을 믿지 않기에

하나님 안에서 더 큰 인내심을 구할 수밖에 없는 모든 순례자들에게

이 작은 책을 겸손히 바칩니다.

차례

서문 10

1. 영원히 지속되는 생명 17
2. 말로만 아는가, 능력으로도 아는가? 33
3. 부르심의 비밀 49
4. 패배를 통한 승리 63
5. 우리가 잊어버린 분 77
6. 성령의 조명 93
7. 능력이신 성령 105
8. 불이신 성령 117
9. 세상이 성령을 받지 못하는 이유 135
10. 성령 충만한 삶 149

# 서문

 구약성경을 익히 아는 사람이라면 누구나 자리에 앉아 책을 쓰려고 할 때 다윗의 아들이요 예루살렘 왕이었던 전도자의 말, "내 아들아, 또 이것들로부터 경계를 받으라. 많은 책들을 짓는 것은 끝이 없고 많이 공부하는 것은 몸을 피곤하게 하느니라"라는 말을 어느 정도 불편한 심정으로 기억하지 않을 수 없을 것입니다(전 12:12).

 지겹게 들어온 저 말로 인해, 세상은 막대한 양의 무가치한 책들—저 말이 없었다면 쓰였을 책들—에 시달리는 괴로움을 덜었다고 해도 무방하리라 생각합니다. 우리는 지혜로운 옛 왕에게 생각보다 큰 빚을 지고 있는 것입니다. 이처럼 이미 쓰인 책들이 많다는 사실을 기억함으로써 다른 형편없는 책들이 나오는 길이 조금이나마 막혔다면, 혹시 인류에게 실제로 진정한 메시지를 주는 책들이 나오는 길 또한 막혀 버린 것은 아닐까요? 그렇지는 않다고 생각합니다.

꼭 쓰여야 할 책은 오직 내적인 압력의 강권을 받아 마음으로부터 흘러나온 책입니다. 마음의 강권을 느끼기 시작했다면 그 책은 결국 쓰일 것이 거의 확실합니다. 이처럼 전하고 싶은 메시지로 가득 찬 사람은 덤덤하게 생각만 하다가 포기하지 않을 것입니다. 그것은 반드시 써야 할 책, 쓰지 않으면 안 될 책입니다.

영적인 길을 다루는 이 작은 책은 기계적인 의미에서 '만들어진' 것이 아닙니다. 내적인 필연성으로 인해 태어난 것입니다. 미심쩍은 시선을 감수하고 주장하건대, 람 족속 부스 사람 바라겔의 아들 엘리후의 증언처럼 "내 속에는 말이 가득하니 내 영이 나를 압박"하고 있습니다(욥 32:18). 해야 할 말을 하지 않을 때 새 포도주 통처럼 터져 버릴까 두려워했던 욥의 심정이 능히 이해가 됩니다. 제 주변에 보이는 교회의 쇠약한 모습과 제 속에서 일어나는 새로운 영적 능력의 역사가 저항할 수 없는 압력으로 작용했습니다. 이 책이 널리 알려지느냐 아니냐를 떠나, 감당할 수 없는 마음의 짐을 덜기 위해서라도 저는 이 책을 써야 했습니다.

이처럼 이 책의 영적인 기원을 솔직히 밝히면서 더불어 밝히고 싶은 점(외견상의 모순을 피하기 위해 밝히고 싶은 점)이 있습니다. 저는 지금 이 책이 독창적이라고 주장하거나, 그리스도의 종들이 받았던 영감 그 이상의 영감을 받아 이 책을 썼노라 주장하는 것이 아닙니다. 제가 말하는 "압력"이란 이 악한 세상에서 선하게 살고자 애쓰며, 하나님이 아닌 인간에게 영광을 돌리는 데 급급해 보이는 그리스도인 세대 가운데 하나님을 높이고자 애쓰는 데서 비롯되는 압박감과 긴장에 지나지 않습니다.

독창성과 관련해서 말하자면, 누군가의 언급처럼 아담 이래 완전히 독창적인 사람이 어디 있겠습니까? 에머슨Ralph Waldo Emerson은 "모든 사람은 조상의 인용문"이라고 했습니다. 다만 제가 바라는 바는, 이 책을 통해 정확한 시기에 정확히 강조해야 할 점을 다루는 것입니다. 혹시라도 독자가 이 책에서 정말 새로운 것을 발견한다면 양심에 따라 반드시 거부해야 합니다. 신앙에서 새로운 것이란 곧 거짓된 것이라는 표시이기 때문입니다.

독자는 이 책에서 제 마음의 자취뿐 아니라 다른 이들의 자취도 발견할 것입니다. 서슴없이 밝히지만, 다른 많은 이들의 정신이 이 책의 모든 지면에 영향을 끼쳤습니다. 여기에는 내적인 생명의 거장들이 나오는데(그들을 온전히 재현해 내지는 못했음에도), 저는 오랫동안 사랑하는 마음으로 그 거룩한 교사들의 발치에 앉아 경외감과 감사의 마음으로 그들의 샘에서 물을 길었습니다. 더 좋은 길을 열망하도록 가르쳐 준 인물들—로렌스 수사로 알려진 니콜라스 에르망Nicholas Herman, 쿠사의 니콜라스Nicholas of Cusa, 에크하르트Meister Echhart, 페넬롱François Fénelon, 페이버Frederick W. Faber—로 인해 하나님께 눈을 들어 감사를 드립니다. 제가 크게 도움 받은 이들을 거명했지만, 그 밖에도 다른 이들이 많습니다. 진기한 옛사람 존 스미스John Smith, M. A.도 그중 하나인데, 그는 거의 무명에 가까운 인물입니다. 제가 아는 바는 오직 그의 문체가 베이컨$^{Francis\ Bacon}$ 경의 문체와 같고 그의 정신은 네 번째 복음서의 정신과 같다는 것, 그가 신중하게 출판한 몇 편의 설교 중 한 편이 다행히도 어느 고참 선교사의 친절 덕분에 제 손까지 들어오게 되었다는 것뿐입니다.

철저한 학문성과 관련해서는 할 말이 전혀 없습니다. 저는 어떤 인물의 가르침에 정통한 권위자가 아니며, 권위자가 되고자 애쓴 적 또한 없습니다. 그저 도움을 얻을 곳에서 도움을 얻고, 가장 푸른 초장에서 풀을 뜯기로 했을 뿐입니다. 제가 정한 유일한 조건은 하나님을 아는 사람만 저의 교사로 삼겠다는 것입니다. 칼라일$^{Thomas\ Carlyle}$의 말처럼 "그렇지 않으면 얻어들은 것"만 가르쳐 줄 것이기 때문입니다. 또한 저의 교사는 그리스도를 자신의 전부로 삼는 사람이어야 합니다. 만약 교사가 정확한 교리만 가르친다면, 저는 첫 쉬는 시간이 되자마자 교실을 빠져나가 샤론의 장미요 골짜기의 백합화이신 주님의 아름다운 얼굴을 직접 본 사람을 찾아 교제할 것입니다. 그렇지 못한 사람에게서는 도움 받을 것이 없습니다.

이 책에서 논의할 주제는 **참된 신앙의 본질적인 내면성**$^{essential\ interiority}$입니다. 기독교 메시지의 능력을 알려면 객관적인 존재가 위에서부터 우리 본성 안으로 침입해야 한다는 점, 밖에 있는 존재가 안으로 들어와야 한다는 점, 객관적 실재이신 하나님이 우리 인격의 문턱을 넘어와 우리 안에 거하셔야 한다는 점을 밝히고 싶습니다.

제 주장이 틀렸다고 말할 사람도 있겠지만, 블레이크$^{William\ Blake}$의 표현대로 "내가 틀렸다면 다른 훌륭한 사람들도 틀린 것"입니다. "살리는 것은 영이니 육은 무익하니라"라는 말씀을 달리 표현한 것이 바로 제 말 아닙니까?(요 6:63) 올바른 내적 생명의 본질이야말로 그리스도가 가르치신 요지이자 악명 높은 외식주의자 바리새인들이 주님을 거부한 주된 원인이었던 것이 확실합니다. 바울도 내주하시는 그리스도에 대한 교리를 내내 설교했습니다. 역사를 살펴보아도 교회가 신앙의 내면성에 다가가느냐 멀어지느냐에 따라 정확히 능력을 얻기도 하고 잃기도 했던 것을 알 수 있습니다.

여기서 꼭 경고하고 넘어갈 점이 있습니다. 책이라면 그저 믿고 보는 일반적인 습관을 따르지 않도록 조심해야 합니다. 책이나 교사 자체를 목적으로 삼는 우를 범하지 않기 위해 정신적으로 단호한 노력을 기울일 필요가 있습니다.

책이 그리스도인에게 끼칠 수 있는 가장 나쁜 영향은 책에서 실제로 선한 것을 얻을 수 있다는 인상을 심어 주는 것이며, 가장 좋은 영향은 그리스도인이 찾는 선한 분께 나아갈 길을 알려 주는 것입니다. 좋은 책의 역할은 진리와 생명이신 분께 나아갈 수 있도록 독자에게 방향을 제시해 주는 표지판이 되는 것입니다. 표지판이 제 역할을 잘할 때 여행자가 바라던 안식처에 안전하게 도착하는 즉시 그 존재를 잊는 것처럼, 책도 제 역할을 잘할수록 더 빨리 불필요해집니다. 좋은 책이 하는 일은 독자가 도덕적으로 행동하도록 격려해 주는 것이며, 하나님께 눈길을 돌리고 그를 향해 나아가도록 밀어주는 것입니다. 이보다 더 중요한 일이 없습니다.

　이 책 전반에 등장하는 '종교' 또는 '신앙'religion이라는 말에 대해서도 언급해야겠습니다. 많은 이들이 얼마나 함부로 이 말을 사용하는지, 철학자와 심리학자들이 얼마나 다양하게 이 말을 정의하는지 저도 알고 있습니다. 제 입장을 최대한 명확히 하기 위해 밝히는 바, 제가 이 책에서 사용하는 종교 또는 신앙이란 한 사람 안에서 행하시는 하나님의 역사 전체, 그 내적인 역사에 대한 인간의 반응 전체를 가리키는 말입니다. 다시 말해서 하나님의 능력이 사람의 영혼 안에서 역사하면 본인도 그것을 알고 경험하게 되어 있습니다. 물론 이 말에는 다른 의미도 담겨 있습니다. 때로는 교리를 뜻하기도 하고, 가장 넓은 의미의 기독교 내지는 기독신앙을 뜻하기도 합니다. 이것은 좋은 말이요 성경적인 말입니다. 저는 이 말을 신중하게 쓰고자 노력했습니다. 혹시 독자들이 생각했던 것보다 더 자주 이 말과 마주치게 되더라도 넓은 마음으로 용서해 주시기 바랍니다.

　북쪽을 등지지 않으면 남쪽으로 여행할 수 없습니다. 밭을 갈지 않으면 씨를 뿌릴 수 없으며, 장애물을 치우지 않으면 앞으로 나아갈 수 없습니다. 그렇기 때문에 이 책에도 가끔 부드러운 비판이 나옵니다. 저는 영적 진보의 길을 가로막는 것은 무엇이든 배격하는 것을 제 의무로 삼고 있습니다. 그러다 보니 누군가의 감정을 상하게 하는 일을 피하기가 어렵습니다. 소중히 여겼던 잘못일수록 고치기 어렵고 위험한 법입니다.

저는 모든 것을 말씀과 성령의 검증에 맡기고자 합니다. 말씀뿐 아니라 말씀과 성령의 검증 둘 다에 맡기고자 합니다. 주님은 "하나님은 영이시니 예배하는 자가 영과 진리로 예배할지니라"라고 말씀하셨습니다(요 4:24). 성령은 최소한의 진리 없이 모실 수 없지만, 불행히도 진리의 껍데기는 성령 없이도 취할 수 있습니다. 우리의 소망은 성령과 진리 둘 다로 충만해지는 것입니다.

A. W. 토저

# 1.　　　　　　　영원히 지속되는 생명

내가 모세와 함께 있었던 것같이 너와 함께 있을 것임이니라. — 여호수아 1:5

하나님이야말로 우주에서 절대적으로 우월하신 분이라는 것은 신구약성경이 모두 찬양하는 진리입니다. 선지자 하박국은 "여호와 나의 하나님, 나의 거룩한 이시여, 주께서는 만세 전부터 계시지 아니하시니이까"라는 환희에 찬 말로 이 진리를 노래했습니다(합 1:12). 그런가 하면 사도 요한은 신중한 표현으로 의미심장하게 이 진리를 제시합니다. "태초에 말씀이 계시니라. 이 말씀이 하나님과 함께 계셨으니 이 말씀은 곧 하나님이시니라. 그가 태초에 하나님과 함께 계셨고 만물이 그로 말미암아 지은 바 되었으니 지은 것이 하나도 그가 없이는 된 것이 없느니라"(요 1:1-3).

이것은 하나님과 우리 자신에 대해 올바른 생각을 하는 데 반드시 필요한 진리이기에 아무리 강조해도 지나치지 않습니다. 이것은 누구나 아는 진리이자 모든 신앙인이 공유하고 있는 일종의 공동자

산입니다. 그런데 공동자산이라는 바로 그 이유 때문에 오히려 우리에게 큰 의미로 다가오지 못합니다. 콜리지$^{\text{Samuel Coleridge}}$는 이런 진리가 겪는 운명에 대해 다음과 같이 썼습니다.

> 모든 진리 중 가장 두렵고 흥미로운 진리들이 진리의 모든 능력을 상실한 채, 가장 홀대받아 박살난 오류들과 나란히 영혼의 침실에 몸 져누워 있는 것이 지극히 당연시되는 경우가 너무나 많다.

하나님의 우월성도 "몸져누워 있는" 진리 중 하나입니다. 저는 "보편적으로 누구나 인정하는 바로 그 상황 때문에 오히려 무시당하는" 현실에서 이 진리를 구해 내기 위해 제가 할 수 있는 일을 하고 싶습니다. 지금 무시당하고 있는 기독교의 진리들을 되살리려면, 오직 기도와 오랜 묵상을 통해 우리 정신을 채우고 있는 모호한 개념 더미 속에서 그 진리들을 골라내야 하며, 그 진리들에 꾸준하고 확고하게 관심의 초점을 맞추어야 합니다.

하나님은 모든 만물에 앞서 계신 위대한 선행자$^{\text{Antecedent}}$십니다. 그가 계시기에 우리가 있는 것이며 만물도 있는 것입니다. 그는 "시작이 없는 두려우신 분", 스스로 원인이 되시는 분, 스스로 완전하신 분, 스스로 충분하신 분입니다. 페이버는 이것을 알고 하나님의 영원하심을 찬양하는 위대한 찬송시를 썼습니다.

위대하신 하나님, 주께는 청년의 때가 없사옵니다.
주는 시작이 없는 목적이시오니,
주의 영광이 그 자체 안에 깃들어 있사오며
그 고요한 중심 안에 지금도 깃들어 있나이다.
주께는 시간이 외적인 세월을 더할 수 없사오니,
사랑하는 하나님! 주는 스스로 영원하신 분이옵니다.

다른 시처럼 이 시를 대충 읽고 넘기지 마십시오. 우리가 가지고 있는 신앙 개념의 질적인 차이에 따라 위대한 그리스도인의 삶과 평범한 그리스도인의 삶이 갈라집니다. 이 여섯 행에 표현된 생각들은 하나님에 대한 더 건전하고 만족스러운 생각으로 올라가게 해주는 야곱의 사다리 계단이 될 수 있습니다.

하나님에 대해 올바로 생각하려면 그가 **항상 계셨다는 것, 먼저 계셨다는 것**부터 생각해야 합니다. 여호수아도 이것을 배워야 했습니다. 그는 하나님의 종인 모세의 종으로 워낙 오래 살았고 하나님이 모세의 입을 통해 말씀하심을 굳게 확신했던 탓에, 모세와 모세의 하나님이 머릿속에서 뒤섞여 거의 따로 생각하기가 힘들었습니다. 연상 작용이 일어나면서 두 존재가 항상 같이 떠올랐습니다. 그런데 모세가 죽었습니다. 하나님은 젊은 여호수아가 절망감에 무너지지 않도록 "내가 모세와 함께 있었던 것같이 너와 함께 있을 것임이니라"라고 말씀하시며 확신을 주셨습니다(수 1:5). 사실은 변한 것도 없었고 잃은 것도 없었습니다. 하나님의 사람이 죽는다고 하나님 편에서 죽어 사라지는 것은 아무것도 없습니다.

"……있었던 것같이$^{I\ was}$……있을 것임이니라$^{I\ will\ be}$." 오직 하나님만 이렇게 말씀하실 수 있습니다. 시간을 뛰어넘어 '나'$^{I\ AM}$로 존재하시는 분만 "……있었던 것같이……있을 것임이니라"라고 말씀하실 수 있습니다.

우리는 여기에서 하나님이 가지고 계신 성품의 본질적인 통일성, 시간을 넘어 영원에 이르기까지 변하지 않는 존재의 무한한 영속성을 인정하게 됩니다(이 점을 생각하면 두렵고 놀랍습니다). 영원히 계신 분을 보고 느끼게 됩니다. 어디에서 출발하든 하나님이 앞서 계십니다. 그는 알파와 오메가요, 처음과 나중이십니다. 전에도 계셨고 지금도 계시며 장차 오실 전능하신 분입니다. 생각의 한계 끝까지 거슬러 올라가 창조 이전의 공허한 상태를 상상해도 하나님은 이미 거기 계십니다. 그는 단 한 번의 눈길만으로 만물을 영원 전부터 파악하시며, 눈 한 번 깜빡이지 않고 천 년 후 스랍이 날갯짓하는 모습을 보십니다.

전에는 저도 이런 생각을 지금 같은 세상에 살고 있는 사람들에게 현실적으로 아무 의미가 없는 형이상학적 장식품으로만 여겼습니다. 그러나 지금은 유익을 줄 수 있는 잠재력이 무한한 건전하고 알기 쉬운 진리임을 인정하고 있습니다. 올바른 관점을 배우지 못한 채 그리스도인의 삶을 시작하면, 이후로도 내내 힘없이 살면서 아무

열매를 맺을 수 없습니다. 우리의 영적 체험이 이토록 부족한 것은, 온갖 이야기를 재잘대며 시장을 뛰어가는 어린애들처럼 하나님 나라 복도를 떠들며 뛰어갈 뿐 정작 가치 있는 것을 배우기 위해 멈춰 서지 않는 습관 때문이 아닐까요?

저도 인간적인 조바심 때문에 현대의 그리스도인들에게 짧고 쉬운 교훈을 줌으로써 더 깊은 영적 생활로 쉽게 인도할 길이 있었으면 하고 바랄 때가 많습니다. 그러나 그것은 부질없는 바람입니다. 지름길은 없습니다. 하나님은 우리의 조바심을 받아 주지 않으시며, 기계 시대의 방법론 또한 포용하지 않으십니다. **하나님을 알려면 하나님께 시간을 드려야 한다**는 냉엄한 진리를 받아들이는 것이 좋습니다. 하나님을 더 알기 위해 애쓰는 시간을 낭비로 여겨서는 안 됩니다. 묵상과 기도 시간에 계속 자신을 바쳐야 합니다. 옛 성도들이 그렇게 했고, 영광스러운 사도들이 그렇게 했으며, 많은 선지자들이 그렇게 했고, 모든 시대 거룩한 교회의 신자들이 그렇게 했습니다. 그들의 뒤를 따르고 싶다면 우리도 그렇게 해야 합니다.

하나님에 대해 생각할 때 언제 무슨 일을 하시든 피조되지 않은 존재로 통일성을 유지하신다는 것, "내가 했노라", "내가 하리라"고 말씀하실 뿐 아니라 "내가 하노라", "지금 하고 있노라"고 말씀하신다는 것을 알아야 합니다.

신앙이 강건해지려면 이 진리를 굳게 붙잡아야 함에도, 사실은 거의 생각하지 못하고 산다는 것을 우리 모두 알고 있습니다. 습관적으로 현재에 멈추어 서서 하나님으로 충만했던 과거를 믿음으로 돌아보거나, 하나님이 미래에 함께하실 것을 바라보고 기대하는 것이 전부입니다. 현재에는 자신만 있다고 생각합니다. 하나님 없이 온 우주에 홀로 남은 것처럼 여기는 일시적 무신론 상태에 빠지는 것입니다. 하나님에 대해 소리 높여 많은 말을 하지만 속으로는 하나님이 부재하신다고 생각하며, 스스로 전에 계셨던 하나님과 장차 계실 하나님 사이에 끼여 있는 기간에 살고 있다고 생각합니다. 그렇게 오래된 외로움, 우주적인 외로움을 느낍니다. 우리 각 사람은 인파로 북적대는 시장에서 길을 잃은 어린아이, 엄마와 불과 얼마 떨어지지 않은 곳에서 헤매는 어린아이, 엄마가 가까이 있는데도 자기 눈에 보이지 않는다고 슬퍼하는 어린아이 같습니다. 그래서 종교가 고안해 낸 온갖 방법을 동원해서 그 두려움을 달래며 감추어진 슬픔을 치유하고자 노력합니다. 그러나 그 모든 노력에도 불구하고 여전히 불행하며, 광대하고 황량한 우주 속에 홀로 고질적인 절망에 빠져 있습니다.

그러나 이 모든 두려움에도 불구하고 우리는 혼자가 아닙니다. 우리의 문제는 스스로 혼자라고 생각하는 데 있습니다. 강물이 콸콸 흘러가는데 자신은 강둑 옆에 따로 서 있는 것처럼 생각하는 이 잘못부터 바로잡읍시다. 그 강을 다름 아닌 하나님으로 생각해 봅시다. 왼쪽을 바라보면 과거로부터 강물이 한가득 흘러오고 있습니다. 오른쪽을 보면 미래를 향해 흘러가고 있습니다. 그러나 우리의 현재 또한 통과하고 있습니다. 어제와 똑같은 강물이 오늘도 흘러가고 있습니다. 조금도 다르지 않은 동일한 강물이 끊어지거나 줄어드는 법 없이, 힘차고 세차고 도도하게 미래를 향해 흘러가고 있습니다.

믿음이 제 모습을 지켰던 곳, 믿음의 진정성이 입증되었던 곳에는 어김없이 **현존하시는 하나님에 대한 인식**이 있었습니다. 성경은 실재하시는 하나님을 참으로 만났을 때의 느낌이 어떤 것인지 뚜렷하게 보여줍니다. 성경의 인물들은 하나님과 이야기를 나누었습니다. 그들은 하나님께 말하고, 하나님은 그들이 이해할 수 있는 말로 말씀하셨습니다. 하나님과 직접 교류했던 그들의 말과 행동에는 빛나는 현실감이 있었습니다.

세상의 예언자들과 믿지 않는 심리학자들(하나님의 빛이 아닌 빛을 찾는 눈먼 추구자들)도 신앙 체험의 근저에 '무언가 있다'는 인식이 있음을 인정해야 했습니다. 사실 더 좋은 표현은 '누군가 있다'는 것입니다. 기독교회의 첫 성도들이 지속적인 경이감에 넘쳤던 것은 바로 이 인식이 있었기 때문입니다. 초창기 제자들이 경험했던 그 엄숙한 기쁨은 유일하신 분이 자신들 가운데 계신다는 확신에서 직접 비롯된 것이었습니다. 그들은 하늘에 계신 지존자가 땅에 있는 자신들과 대면하고 계심을 알았습니다. 그들은 하나님 앞에 있었습니다. 사람의 마음을 잡아끌되 평생토록 잡아끄는 그 확신의 능력, 사람을 고양시키고 변화시키며 주체할 수 없는 도덕적 행복감으로 채워 주는 그 확신의 능력, 감옥이나 죽음의 자리로 나아가면서도 찬송하게 만드는 그 확신의 능력은 역사의 불가사의요 세상의 경이가 되어 왔습니다.

조상들이 이야기했고 우리도 마음으로 확실히 알고 있듯이, '누군가 있다'는 인식은 참으로 놀라운 것입니다. 바로 그 인식이 비판적인 공격에 쓰러지지 않도록 기독교를 보호해 줍니다. 원수의 마구잡이 공격에 무너지지 않도록 마음을 지켜 줍니다. 현존하시는 하나님을 경배하는 자들은 불신자들의 반대를 무시할 수 있습니다. 그들의 체험은 자명한 것이기에 굳이 변명하거나 증명할 필요가 없습니다. 그들이 보고 들은 것 자체가 모든 의심을 제압하며, 논쟁의 파괴력을 뛰어넘어 확신을 굳혀 줍니다.

말씀의 교사가 되길 원하면서도 자신들이 말하는 바와 확신하는 바가 무엇인지 모른 채, 오직 '헐벗은' 믿음만 영적인 일을 알 수 있는 유일한 길로 고집하는 이들이 있습니다. '하나님의 말씀은 신뢰할 만하다'는 확신만 있으면 된다는 것입니다(이런 확신은 마귀도 가지고 있음을 지적하는 것이 좋겠습니다).

그러나 진리의 성령께 조금이라도 배운 사람이라면 이런 왜곡에 반박할 것입니다. "나는 주님께 들었고 주님을 보았다. 그런데 왜 우상과 상관하겠는가?"라고 할 것입니다. 이제는 본문에서 추론해 낸 것에 불과한 하나님을 사랑할 수 없습니다. 단어들을 뛰어넘는 생생한 인식으로 하나님을 알기를, 친밀하고 인격적으로 그와 교통하며 살기를 갈구하게 됩니다.

단순히 책과 글에서 우리 신을 찾는 것은 죽은 자들 가운데서 산 자를 찾으려는 것과 같다. 그 속에서 하나님을 찾고자 아무리 애써 봐야 소용이 없다. 그 속에는 하나님의 진리가 모셔져 있다기보다 파묻혀 있다. 하나님은 지성을 통해 만질 때 가장 잘 알아볼 수 있다. 생명의 말씀을 우리 눈으로 보고, 귀로 듣고, 손으로 만져야 한다.•

누군가 있음을 아는 이 인식, 하나님이 영혼을 **만지시는** 이 일을 대체할 만한 것은 없습니다. 실제로 이런 깨달음을 얻으려면 진정한 믿음이 있어야 하는데, 진정한 믿음은 본문을 분석하는 이성의 작용이 결코 아닙니다. 참된 믿음이 있을 때, 우리는 논리적 결론과 완전히 다른 분명한 인식을 통해 하나님을 알게 됩니다.

칠흑같이 어두운 한밤중에 누군가 자기 방에서 돌아다니는 소리를 듣고 깼는데, 그 보이지 않는 존재가 자기 방에 당연히 들어올 수 있는 사랑하는 가족임을 안다면 잔잔한 기쁨이 마음을 채울 것입니다. 그러나 물건을 빼앗고 사람을 죽일 수도 있는 침입자가 들어왔다고 판단되면, 어느 방향에서 공격이 올지 모르는 채 어둠 속에 꼼짝없이 누워 두려움으로 허공을 응시할 것입니다. 이처럼 누구의 존재를 예민하게 인식하느냐에 따라 경험이 달라집니다. 우리 대부분은 그리스도인을 자처하면서도 진정한 경험을 하지 못한 것이 사실

• 존 스미스

아닙니까? 우리는 이 매혹적인 만남을 신학적 견해들로 대체해 왔습니다. 우리의 큰 약점은 종교적 개념만 마음에 가득할 뿐, 정작 계셔야 할 분은 없다는 것입니다.

참된 그리스도인의 경험에 포함되는 요소가 많지만, 무엇보다 항상 포함되어야 할 것은 바로 하나님과의 진정한 만남입니다. 이 만남이 없는 종교는 한낱 그림자요, 실재의 반사물이요, 진본―다른 사람은 보았다고 말하는 진본―의 싸구려 모사품에 불과합니다. 어려서부터 늙을 때까지 평생 교회 안에 살면서도 보는 눈이나 듣는 귀나 사랑하는 마음 없이 신학과 논리를 합성해 놓은 인위적인 신밖에 모르고 사는 것은 중대한 비극이 아닐 수 없습니다.

그 옛날 영적인 거인들은 어느 한 순간 하나님이 실제로 와 계신 것을 예민하게 인식했고, 남은 평생 그 인식을 가지고 살았습니다. 하나님을 처음 만난 사람은 아브람이 "큰 흑암과 두려움"에 사로잡혔던 것처럼(창 15:12), 모세가 떨기나무 앞에서 하나님 뵙기가 무서워 얼굴을 가렸던 것처럼(출 3:6), 공포심을 느낄 수 있습니다. 대개의 경우 그 두려움 속에 내재된 공포는 곧 사라지고 잠시 후 기쁨 어린 경외감으로 바뀌었다가, 마침내 하나님께 완전히 다가갔다는 경건한 인식으로 차분히 가라앉습니다. 핵심은 그들이 **하나님을 경험했다는 것**입니다. 이런 경험을 떠나 성도들과 선지자들을 설명할 길이 있을까요? 그들이 무수한 세대에 행사했던 놀랍고도 선한 능력을 설명할 길이 있을까요? 그들에게 그런 능력이 있었던 것은 실제로 임재해 계신 하나님을 인식하며 교통했기 때문이 아닐까요? 정말 앞에 계신 하나님께 아뢰고 있다는 꾸밈 없는 확신으로 기도했기 때문이 아닐까요?

우리가 영적 보화를 많이 잃어버린 원인은 하나님 안에서 영원히 지속되는 생명의 기적에 대한 진리, 그 간단한 진리를 놓쳐 버린 데 있는 것이 분명합니다. 하나님은 자기 작품에 실망한 강퍅한 예술가처럼 생명을 창조했다가 내던지지 않으십니다. 모든 생명은 하나님 안에 있고 하나님에게서 나옵니다. 하나님에게서 흘러나와 다시 하나님께로 돌아갑니다. 생명은 끊임없이 출렁이는 바다, 하나님을 원천으로 삼고 있는 바다입니다. 성부와 함께 있었던 영원한 생명을 이제는 믿는 자들이 소유하고 있습니다. 생명은 하나님의 선물인 동시에 하나님 자신입니다.

구속救贖은 하나님이 잠시 본 궤도에서 벗어나 행하신 생소한 일이 아닙니다. 새로운 현장, 인간이 초래한 재앙의 현장에서 행하신 똑같은 일입니다. 믿는 영혼의 중생은 창조의 순간부터 하나님이 해오신 일의 반복에 불과합니다. 구약의 창조generation와 신약의 중생regeneration 사이에는 놓칠 수 없을 만큼 뚜렷한 유사성이 있습니다. 예컨대 "혼돈하고 공허하며 흑암이 깊음 위에" 있다는 것보다 더 잃은 영혼의 상태를 묘사하기에 좋은 말이 있습니까?(창 1:2) "하나님의 영은 수면에 운행"하신다는 것보다 잃은 영혼에 대한 하나님의 강렬한 갈망을 묘사하기에 좋은 말이 있습니까?(창 1:2) "빛이 있으라"

라는 말씀이 없다면 어디에서 죄로 가려진 영혼을 비추어 줄 빛이 나오겠습니까?(창 1:3) 그 말씀에서 빛이 나오기에 잃은 자가 일어나 영생의 물을 마시고 세상의 빛이신 분을 따르는 것입니다. 옛 창조 후에 질서가 생기고 열매가 맺혔듯이, 중생한 인간의 경험세계에도 도덕적인 질서와 영적인 열매가 따라옵니다. 하나님은 동일하시다는 것, 그의 연대는 다함이 없다는 것을 우리는 알고 있습니다. 어디에서 무슨 일을 하시든 하나님은 항상 하나님답게 행하십니다.

세월을 거슬러 과거로 돌아가고 싶다는 약하고 헛된 바람을 버릴 필요가 있습니다. 지금 이 시대에 사는 것보다 아브라함이나 바울의 시대에 살았다면 더 좋았을 것이라는 아이 같은 생각은 깨끗이 버려야 합니다. 아브라함 시대나 이 시대나 하나님은 동일하십니다. 그는 단 한 번 생명의 자극으로 모든 날과 때를 창조하셨습니다. 세상 첫날의 생명과 가장 먼 훗날의 생명이 그 안에서 연합되어 있습니다. 선조들이 찬송했던 진리를 우리도 찬송하는 것(또한 믿는 것)이 마땅합니다.

영겁의 세월도
주의 눈에는 현재와 같사옵니다.
크신 하나님, 주께는 옛것이 없사오며
새것도 없사옵니다.

— 아이작 와츠 Isaac Watts

인간의 구원은 하나님이 태초에 행하신 창조 사역을 다시 행하시는 것(또는 계속하시는 것)에 불과합니다. 하나님이 보실 때 구속받은 영혼은 옛적에 창조하신 세상과 동일한 하나의 세상입니다. 하나님은 그 안에서 자신이 기뻐하시는 일을 다시 행하십니다.

오늘날 하나님을 경험할 때도 아브라함이나 다윗이나 바울이 얻었던 모든 것을 하나님 안에서 얻을 수 있음을 알기에 우리는 기뻐할 수 있습니다. 실제로 보좌 앞에 있는 천사들조차 우리보다 더 많은 것을 얻지 못합니다. 오직 하나님을 모실 뿐, 그 외의 것은 바라지 못합니다. 하나님의 모든 것, 하나님이 행하신 모든 일은 전부 우리를 위한 것이며 한 구원에 참여한 자들을 위한 것입니다. 우리에게 아무 자격이 없음을 잘 알면서도 하나님의 사랑 안에서 자리를 지킬 수 있으며, 가장 형편없고 연약한 자라도 그의 자비 안에서 모든 풍성한 것을 거침없이 요구할 수 있습니다. 제가 이처럼 모든 것을 요구할 권리가 있다고 생각하는 것은 무한하신 하나님이 각 자녀에게 그 모든 것을 전부 주실 수 있음을 알기 때문입니다. 하나님은 자녀 수대로 한 몫씩 떼어 주시는 것이 아니라 마치 자녀가 한 명밖에 없는 것처럼 각 사람에게 모든 것을 전부 주십니다.

일반적으로 하나님께 나아가듯 나아가지 않고(덧붙이자면, 이것이 불신앙과 거짓 겸손을 피하는 묘책입니다) 정확히 하나님을 겨냥해서 인격적으로 나아갈 때 얼마나 큰 변화가 일어나는지 모릅니다. 그때 우리는 아무 두려움 없이 인칭대명사를 사용하게 됩니다. 하나님의 벗들과 더불어 그런 인칭대명사를 사용하도록 허락하신 하나님을 친근하게 부르며, 저마다 자신을 위해 삼위 하나님 자신과 삼위 하나님의 일을 요구하게 됩니다. 하나님이 행하신 모든 일이 우리 각 사람을 위한 것이었음을 알게 됩니다. 그리고 다음과 같이 노래하게 됩니다.

날 위해 주께서 옷을 입음같이 빛을 입으시고 휘장같이 하늘을 치시며 땅에 기초를 놓으셨나이다. 날 위해 주께서 달로 절기를 정하시고 해로 그 지는 때를 알게 하셨나이다. 날 위해 주께서 땅의 모든 짐승을 그 종류대로 지으시고 씨 맺는 모든 채소와 열매 맺는 모든 나무를 지으셨나이다. 날 위해 선지자는 글을 쓰고 시편 기자는 노래했나이다. 날 위해 거룩한 자들은 성령의 감동을 받아 말하였나이다.

날 위해 그리스도가 죽으셨나이다. 그 죽음이 가져온 구속의 은택이, 지금도 있고 영원히 지속될 생명의 기적을 통해 그리스도가 머리를 숙이시고 숨을 거두시던 그날처럼 지금도 효력을 발휘하나이다. 그리스도가 셋째 날 부활하신 것도 날 위한 것이었나이다. 제자들에게 성령을 부어 주신 것도 창조의 아침 이래 날 위해 행해 오신 일을 내 안에서 계속하시기 위함이었나이다.

## 2. 말로만 아는가, 능력으로도 아는가?

이는 우리 복음이 너희에게 말로만 이른 것이 아니라
또한 능력과 성령과 큰 확신으로 된 것임이라. — 데살로니가전서 1:5

누구든지 그리스도 안에 있으면 새로운 피조물이라. — 고린도후서 5:17

네가 살았다 하는 이름은 가졌으나 죽은 자로다. — 요한계시록 3:1

단순히 연구만 하는 학생은 이 구절들을 흥미롭게 느낄지 몰라도, 영생을 얻는 일에 집중하는 진지한 사람은 당연히 약간의 불안 그 이상의 감정을 느낄 것입니다. 이 구절들은 우리가 복음 메시지를 들을 때 능력 없이 말로만 받아들이든지 능력과 말로 받아들이든지 둘 중에 하나임을 분명히 가르치기 때문입니다. 말로 다가오든 능력으로 다가오든 메시지의 내용은 똑같습니다. 그런데 능력으로 복음 메시지를 받아들일 때 새 창조라고 해야 할 만큼 근본적인 변화가 일어난다고 이 구절들은 가르칩니다. 물론 능력 없이도 복음 메시지를 받아들일 수 있고, 그렇게 능력 없이 받아들이는 자들도 분명히 있습니다. 그들은 살았다 하는 이름은 가졌으나 죽은 자들입니다. 이 모든 가르침이 오늘 본문에 나와 있습니다.

저는 운동선수들의 경기 방식을 관찰하면서 사람들의 기도 방식을 더 잘 이해할 수 있었습니다. 실제로 대부분의 사람들은 경기를 하듯 종교생활을 합니다. 종교 자체가 모든 경기 중에 가장 보편적인 경기입니다. 여러 운동은 그 나름대로 규칙이 있고, 공이 있고, 선수가 있습니다. 운동경기는 흥미를 유발하고 즐거움을 주며 시간을 요구합니다. 경기가 끝나면 서로 경쟁하던 팀들도 웃으며 경기장을 떠납니다. 한 팀 선수가 다른 팀으로 옮긴 후 며칠 되지 않아 이전 팀을 위해 싸웠던 때만큼 열성적으로 옛 동료들과 맞서 싸우는 모습도 흔히 보입니다. 이 모든 것이 재량에 달려 있습니다. 경기 자체를 위해 의도적으로 만들어 놓은 인위적인 문제들과 공격상의 난점들만 해결하면 됩니다. 도덕적 근거도 없고, 도덕적 근거를 갖출 의무 또한 없습니다. 운동경기의 가장 좋은 점은 스스로 부과한 수고만 하면 된다는 것입니다. 운동경기는 무엇을 변화시키거나 무엇을 해결하는 일이 아닌 즐거운 활동에 불과합니다.

이것이 경기장에 국한된 상황이라면 더 이상 생각할 필요가 없겠지만, 이런 정신이 성소까지 들어와 하나님과 신앙을 대하는 태도를 결정짓는다면 어찌해야겠습니까? 교회 역시 경건한 말로 이루어지는 경기를 위해 경기장과 규칙과 장비를 갖추고 있고, 비전문가와 전문가를 포함한 추종자들을 거느리고 있습니다. 그들은 돈으로 경기를 후원하거나 직접 참석해서 경기를 돕기도 하지만, 그 삶과 인격은 신앙에 무관심한 많은 이들과 다를 바가 없습니다.

운동선수가 공을 사용하듯 우리 다수는 말을 사용합니다. 말로 이야기하고, 말로 노래하며, 말로 글을 쓰고, 말로 기도합니다. 경기장에서 재빨리 말을 집어던집니다. 우아하고 솜씨 있게 말 다루는 법을 배웁니다. 말재주로 좋은 평판을 쌓고, 경기를 즐긴 이들의 박수갈채를 보상으로 받습니다. 그러나 즐거운 종교 경기가 끝난 후에도 참석하기 전과 근본적으로 달라진 사람이 아무도 없다는 사실은 그 경기가 얼마나 공허한 것이었는지 분명하게 보여줍니다. 삶의 기초가 하나도 변하지 않은 채 그대로 남아 있습니다. 여전히 똑같은 옛 원리가 지배하고 있으며, 똑같은 옛 아담이 다스리고 있습니다.

그렇다고 능력 없는 신앙은 인생에 아무 변화도 일으키지 못한다고 말하는 것이 아닙니다. 다만 근본적인 변화를 일으키지 못한다는 것입니다. 물은 액체에서 기체로 변할 수 있지만, 그렇다고 근본적으로 달라진 것은 아닙니다. 마찬가지로 무능한 신앙도 여러 가지 피상적인 변화를 일으킬 수 있지만 사람 자체가 달라진 것은 아닙니다. 바로 여기 함정이 있습니다. 형식만 변할 뿐 유형은 그대로인 것입니다. 신앙 없는 사람이나 능력 없이 복음을 받아들인 사람이나 행동의 동기는 똑같습니다. 둘 다 은혜를 입지 못한 비참한 자아가 밑바닥에 자리 잡고 있습니다. 신앙 있는 사람은 자기 악을 더 잘 위장하는 법을 배웠다는 점이 다를 뿐입니다. 그의 죄들은 전보다 세련되고 덜 거슬려 보여도, 그 사람 자체는 하나님 보시기에 하나도 나아진 바가 없습니다. 하나님은 항상 꾸미고 위장하는 것을 미워하신다는 점에서 사실은 이 편이 더 나쁠 수 있습니다. 이기심이 여전히 삶의 중심에서 엔진처럼 쿵쾅거립니다. 그 이기적인 충동을 '다른 방향으로 돌리는 법'을 익힐 수는 있습니다. 그러나 책망받기는커녕 마음속 깊은 곳에서 의심조차 받아 본 적 없는 자아가 여전히 살아 있는 것이 문제입니다. 그런 사람은 능력 없는 신앙의 희생자입니다.

물론 능력 없이 말씀을 받아들인 자라도 울타리의 가지치기는 합니다. 그럼에도 여전히 가시울타리이기 때문에 새 생명의 열매는 맺히지 않습니다. 그런 사람이 교회 지도자가 되어 당대의 신앙을 결정짓는 데 영향을 끼치고 표를 행사할 수 있습니다.

그러나 능력으로 진리를 받아들이면 아담에서 그리스도로 삶의 기초가 옮겨집니다. 일련의 새로운 동기가 영혼 안에서 작동하기 시작합니다. 새롭고 다른 영이 믿는 자의 인격 안으로 들어와 존재의 모든 영역을 새롭게 만드십니다. 외적인 것에서 내적인 것으로, 땅의 것에서 하늘의 것으로 관심이 옮겨 갑니다. 더 이상 외적인 가치의 견실성을 믿지 않으며 겉모습의 기만성을 명확히 파악합니다. 경험이 확장되면서 보이지 않는 영원한 세계에 대한 사랑과 신뢰가 점점 강해집니다.

그리스도인이라면 대부분 이런 생각에 동의하겠지만, 이론과 실제 사이에는 엄청나게 큰 간극이 있습니다. 능력 없이 복음을 전하고 받아들이는 경우가 너무나 많은 탓에 진리가 요구하는 근본적인 변화가 전혀 일어나지 않습니다. 물론 모종의 변화는 일어날 수 있는 것이 사실입니다. 진리에 감동받아 지적인 합의나 감정적인 합의는 할 수 있습니다. 그러나 그것만으로는 충분치 않습니다. 그것은 충분히 깊은 변화, 근본적인 변화가 아닙니다. "피조물"이 바뀐 것은 맞지만 "새로운 피조물"이 된 것은 아닙니다(고후 5:17). 바로 여기 비극이 있습니다. 복음은 새 생명과 관련된 것이며, 새 차원의 존재로 출생하는 일과 관련된 것입니다. 복음이 영혼을 중생케 하지 못한다면 구원 사역을 제대로 하지 못한 것입니다.

능력 없는 말씀은 핵심 내용이 빠진 말씀입니다. 원래 하나님의 진리에는 긴급한 경고가 있으며, 복음에는 성령의 역사 없이는 듣거나 느끼지 못하는 절박함과 단호함이 있습니다. 복음은 기쁜 소식인 동시에 듣는 모든 자를 향한 심판의 메시지이기도 하다는 점을 항상 기억해야 합니다. 십자가의 메시지가 회개하는 자에게는 실로 좋은 소식이지만, "복음에 복종하지 않는 자들"에게는 경고가 됩니다(살후 1:8). 성령의 사역은 뉘우치지 않는 세상에 죄와 의와 심판을 알리시는 것입니다. 복음은 고집스러운 죄인의 자리를 떠나 하나님께 순종하는 자녀가 되길 원하는 죄인들에게 주시는 무조건적인 평화의 메시지입니다. 그러나 본질상 인간의 장래 운명을 결정짓는 척도이기도 합니다.

오늘날 사람들은 이 두 번째 측면을 거의 간과하고 있습니다. 복음의 유일한 내용으로 **선물**의 요소만 내세우며, **변화**의 요소는 그만큼 무시하고 있습니다. 신학적인 동의만 하면 그리스도인이 된다고 말합니다. 그런 동의를 믿음이라고 부르며, 그것이 구원받을 자와 멸망할 자의 유일한 차이점이라고 생각합니다. 믿음을 일련의 종교적 마술처럼 여겨, 믿음만 있으면 주님께 큰 기쁨을 드릴 뿐 아니라 천국 문을 여는 신비한 능력까지 얻을 수 있다고 착각합니다.

모든 이를 공정하게 대하며 모든 이의 종교적 신념에서 좋은 점을 찾고 싶지만, 그럼에도 마술적 신앙의 해로운 영향력은 이 문제에 직면해 보지 못한 이들이 상상하는 것 이상으로 크다는 점을 밝혀야겠습니다. 오늘날 다수의 청중이 듣고 있는 강력한 메시지는 '악한 자라는 것이야말로 천국에 가는 유일한 필수 자격이며, 선한 자는 확실히 하나님의 은총을 받을 수 없다'는 것입니다. 냉소적으로 조롱할 때만 '의'라는 말을 사용하며, 도덕적으로 사는 사람을 딱하게 여깁니다. 이렇게 가르치는 교사들은 "그리스도인이라고 해서 도덕적으로 죄인보다 나을 바가 없다. 예수를 구주로 받아들였다는 점이 다를 뿐이다"라고 말합니다. 그런 자들에게 "그렇다면 그 구주는 대체 무엇에서 구해 주는 구주란 말인가?"라고 물어도 그리 건방진 일은 아니리라 믿습니다. 죄와 악한 행동과 타락한 옛 생활에서 구해 주는 것이 아니라면 대체 무엇에서 구해 준다는 말입니까? 단순히 "과거에 지은 죄의 결과와 장차 받을 심판에서 구해 준다"는 것은 만족스러운 대답이 아닙니다. 그리스도인과 죄인의 차이점이 단순히 과거의 범죄에 대해 의롭다 하심을 얻는 것뿐입니까? 그리스도를 믿는 성도가 과연 예전과 똑같이 살 수 있겠습니까? 복음은 재판 날 죄인을 석방시켜 주는 솜씨 좋은 변호사에 지나지 않는 것입니까?

이 문제와 관련된 진리가 도저히 알아챌 수 없을 만큼 심오하거나 난해하다고는 생각지 않습니다. 자기 의는 하나님의 은총을 가로막는 실질적인 장애물입니다. 죄인 스스로 자기 공로를 의지하게 만들며 그리스도의 의가 그 속에 들어가지 못하도록 차단해 버리기 때문입니다. 주 예수 그리스도를 통해 구원을 받으려면 반드시 자신이 죄인임을 고백하고 멸망당할 자임을 자각해야 합니다. 이것은 우리가 기쁘게 인정하며 계속해서 주장하는 진리입니다. 그런데 '죄인은 하나님 나라에 들어갈 수 없다'는 진리는 오늘날 간과되고 있습니다. 이 진리를 선포하는 성경 구절은 워낙 많고 잘 알려져 있기 때문에 굳이 반복해서 인용할 필요가 없을 것입니다. 그래도 의심이 되는 분은 갈라디아서 5:19-21과 요한계시록 21:8을 찾아보기 바랍니다.

그렇다면 인간은 어떻게 구원받을 수 있을까요? 회개하는 죄인은 그리스도를 만나게 되고, 이 구원의 만남을 경험한 자는 죄인의 자리에서 벗어나게 됩니다. 복음의 능력이 그를 변화시키고, 자아에서 그리스도로 삶의 기초를 옮겨 주며, 방향을 새롭게 잡아 주고, 새로운 피조물로 만들어 줍니다. 이처럼 그리스도께 나아가는 일에는 도덕적인 상태가 아무 영향을 끼치지 못합니다. 오직 그리스도가 행하신 일이 회개하는 죄인의 선과 악을 씻어 내고 전과 다른 사람으로 만들어 줍니다. 그렇다고 법적인 처리를 통해서만 구원받고 돌아오는 것은 아닙니다. 그에 상응하는 도덕적 변화가 일어납니다. 물론 구원에는 반드시 법적인 지위의 변화가 포함되지만, 실제적인 삶의 변화 또한 포함된다는 사실을 대부분의 교사들은 간과하고 있습니다. 제가 말하는 변화는 표면적인 변화 그 이상을 의미합니다. 인간 삶의 뿌리에 닿는 깊은 변화를 의미합니다. 뿌리가 변하지 않는다면 충분히 변한 것이 아닙니다.

이처럼 구원에 대한 기대가 처음부터 심각하게 위축되어 있었기 때문에 믿음을 기계적인 관점으로 바라보는 것입니다. 교회들이(복음주의적인 교회들조차) 세속적인 정신과 도덕적인 빈혈증에 빠져 있는 이유, 주도하기보다는 방어적인 태도로 모방하는 이유, 전반적으로 비참한 상태에 빠져 있는 이유는, 칭의를 '열려라, 참깨' 식의 신묘한 주문이 새겨진 믿음의 마술 동전을 내미는 죄인들에게 하늘 아버지가 선언하시는 '무죄' 판결로만 가르치는 소리를 지난 두 세대 내내 들어 온 데 있습니다. 그렇게까지 노골적으로 말하지 않더라도 최소한 그런 인상을 받게끔 복음 메시지를 전하고 있습니다. 이 모든 것은 능력 없이 전하는 말씀을 능력 없이 듣고 받아들인 결과입니다.

믿음은 실제로 지복의 세계에 들어가는 '열려라, 참깨' 주문입니다. 믿음이 없이는 하나님을 기쁘시게 할 수 없습니다. 부활하신 구주를 믿지 않는 자는 구원받을 수 없습니다. 그러나 믿음의 참된 특질인 도덕적인 특질은 거의 모든 곳에서 사라져 버렸습니다. 믿음은 단순히 성경의 진술을 사실로 믿는 것이 아닙니다. 그 이상의 것, 아주 도덕적인 것, 영적인 본질을 지닌 것입니다. 믿음은 그 믿음을 쓰는 자의 삶에 반드시 근본적인 변화를 일으키게 되어 있습니다. 믿음은 내면으로 향하던 시선을 하나님께로 돌려 놓습니다. 땅에서 하늘의 삶을 살게 해줍니다.

믿음의 결과로 나타나는 칭의의 의의를 축소할 마음은 없습니다. 자기 악의 깊이를 아는 사람은 추천서 하나 없이 자기 성품만 믿고 형언할 길 없는 분 앞에 감히 나아갈 생각을 하지 못합니다. 결함과 실패를 통해 훈련받아 지혜를 얻은 그리스도인은 내적인 은혜의 역사로 얻게 된 자신의 거룩함을 내세워 하나님께 용납되길 바라지 않습니다. 자기 마음의 실상을 알고 복음이 무엇을 주는지 아는 모든 자는 저 하나님의 사람이 드린 기도에 동참합니다.

나팔 소리 울리며 주님 오실 때
오, 나 주님 안에 있기를,
오직 그의 의로 옷 입고
흠 없이 보좌 앞에 서기를.*

— 에드워드 모트 Edward Mote

• 새찬송가 488장 4절 다시 옮김.

이토록 아름다운 진리가 이토록 왜곡되고 있는 것은 가슴 아픈 일입니다. 우리는 진리에 담긴 도덕적인 내용을 강조하지 못한 탓에 그 대가를 치르고 있습니다. 이것은 진리의 영을 소멸하거나 거부하는 이성적인 정통신앙에 뒤따르는 저주입니다.

복음을 믿는 믿음이 자아에서 하나님께로 삶의 동기를 옮겨 놓는다는 저의 주장은 가감 없는 사실입니다. 도덕적 지성을 가진 사람은 누구나 속에서 자기를 괴롭히는 저주를 의식하게 되어 있습니다. 우리가 '자아'$^{ego}$라고 부르는 것, 성경이 '육신'$^{flesh}$ 또는 '자기'$^{self}$라고 부르는 것을 의식하게 되어 있습니다. 어떻게 부르든지 간에 그것은 잔혹한 주인이요 지독한 원수입니다.

이스라엘을 다스렸던 바로의 횡포도 인간을 다스리는 이 숨은 원수의 횡포에는 미치지 못합니다. 속박에 매인 이스라엘에 대해 하나님이 모세에게 주신 말씀은 당연히 우리에게도 그대로 해당됩니다. "내가 애굽에 있는 내 백성의 고통을 분명히 보고 그들이 그들의 감독자로 말미암아 부르짖음을 듣고 그 근심을 알고"(출 3:7). 니케아 신경이 아주 친절하게 진술해 주듯이 우리 주 예수 그리스도는 "우리 인간을 위해, 또한 우리 구원을 위해 하늘에서 내려오사 성령으로 동정녀 마리아에게서 육신으로 나시고, 사람이 되시고, 우리를 위해 본디오 빌라도 아래서 못 박히시고, 고난을 당하시고, 장사되시고, 사흘 만에 성경대로 부활하시고, 하늘에 오르사 아버지 우편에 앉아" 계십니다.

이 모든 일을 하신 목적이 무엇입니까? 기계적으로만 해방을 선포하시고 실제로는 속박당한 채 살게 하시기 위해서입니까? 절대 아닙니다. 하나님은 모세에게 말씀하셨습니다.

> 내가 내려가서 그들을 애굽인의 손에서 건져내고 그들을 그 땅에서 인도하여 아름답고 광대한 땅, 젖과 꿀이 흐르는 땅……에 데려가려 하노라.……너는 바로에게 가서 그에게 이르기를……내 백성을 보내라(출 3:8, 8:1).

하나님의 의도는 죄에 붙잡힌 인간을 온전히 구원하시는 것입니다. 기독교 메시지를 제대로 이해한다는 것은 복음의 **말씀으로** 인간에게 해방을 선포하시며 복음의 **능력으로** 인간을 실제로 해방시켜 주시는 하나님을 안다는 뜻입니다. 복음을 그에 못 미치는 의미로 받아들이는 사람은 복음을 말로만 알 뿐 능력으로는 모르는 것입니다.

말씀을 능력으로 받아들인 사람은 자신이 구원받았다는 것, 자기 영혼이 노예생활에서 자유의 삶으로 내적 이주를 했다는 것, 도덕적으로 얽매인 자리에서 풀려났다는 것, 참으로 강을 건넜다는 것을 압니다. 다른 땅 위, 다른 하늘 아래 있음을 의식하며 다른 공기를 호흡합니다. 삶의 동기도 변하고 내적인 충동도 새로워집니다.

그렇다면 한때 채찍으로 순종을 강요하던 옛 충동은 어떤 것일까요? 노예 감독 앞에서 그의 뜻을 수행하던 하수인은 어떤 것일까요? 일일이 열거하자면 책 한 권을 다 채워야겠지만, 여기에서는 대표적인 유형 내지 표본을 한 가지만 지적하겠습니다. 그것은 바로 사회적 인정 욕구입니다.

우리가 죄 없는 세상에 살고 있다면 그 욕구 자체는 나쁠 것도 없고 잘못될 것도 없습니다. 그러나 인류가 하나님을 떠나 그의 원수와 결탁한 이래, 세상과 벗이 되는 것은 곧 악의 동지이자 하나님의 원수로 돌아서는 길이 되었습니다. 가장 문명화된 사회부터 가장 원시적인 사회에 이르기까지 모든 인간의 삶에 나타나는 사회적 행동의 배후에는 사람을 기쁘게 하려는 이 욕구가 있습니다. 이 욕구에서 자유로운 사람은 아무도 없습니다. 사회적 규범을 무시하는 무법자나 사상적으로 평범한 삶의 방식에 초연한 철학자들은 그 덫에서 벗어난 것처럼 보이지만, 사실은 기쁘게 하고 싶은 무리의 범위를 좁힌 것에 불과합니다. 무법자에게는 그 앞에서 뻐기고 싶은 친구들이 있고, 철학자에게는 자신을 인정함으로 행복하게 해주는 소수의 뛰어난 사상가 집단이 있습니다. 둘 다 동기의 뿌리는 그대로 남아 있는 것입니다. 매사 해석하는 방식은 각기 다르지만, 동료의 존경을 받을 때 편안함을 느낀다는 점에서는 똑같습니다.

이처럼 모든 사람이 동료만 처다보고 있는 것은 그 외에 처다볼 데가 없기 때문입니다. 다윗은 "하늘에서는 주 외에 누가 내게 있으리요. 땅에서는 주밖에 내가 사모할 이 없나이다"라고 했습니다(시 73:25). 그러나 세상의 자녀들에게는 그런 하나님이 없습니다. 오직 서로만 있을 뿐입니다. 그들은 마치 겁에 질린 아이들처럼 꼭 붙어다니면서 서로 쳐다보며 안도감을 찾으려 합니다. 그러나 그 기대는 무너지게 되어 있습니다. 아무도 조종법을 모르는 상태에서 비행기를 탔다가 조종사 없이 하늘로 날아올랐다는 사실을 문득 발견하고, 혹시라도 누군가 무사히 착륙시킬 수 있지 않을까 서로 얼굴만 쳐다보는 상황과 같습니다. 절실하지만 잘못된 그런 믿음으로는 반드시 닥칠 추락을 피할 수 없습니다.

사람을 기쁘게 하려는 욕망이 이토록 깊이 우리 안에 뿌리박혀 있는데, 어떻게 그 뿌리를 뽑고 사람을 기쁘게 하는 데서 하나님을 기쁘게 하는 데로 삶의 방향을 바꿀 수 있을까요? 자, 혼자 그렇게 할 수 있는 사람은 아무도 없습니다. 해 아래 세상에서는 누구의 도움을 받고 어떤 교육과 훈련을 받아도, 우리가 아는 어떤 방법을 동원해도 할 수 없습니다. 본성이 완전히 뒤바뀌어야 하는데(타락한 본성은 아무 힘이 없으므로) 그렇게 뒤바뀌는 것은 초자연적인 일입니다. 오직 살아 있는 믿음으로 복음을 받아들일 때, 성령이 복음의 능력으로 이 일을 해주십니다. 옛 본성을 새 본성으로 바꾸어 주십니다. 햇살이 지상의 풍경에 파고들듯 우리 삶 속에 파고드시며, 빛이 하늘을 뒤덮은 어둠을 몰아내듯 우리의 옛 동기를 몰아내십니다.

우리가 이 일을 경험하는 방식은 다음과 같습니다. '오직 하나님만 중요하다'는 강력한 느낌이 홀연히 신자를 압도합니다. 그 느낌이 즉시 그의 정신생활에 작용하며 모든 판단과 가치에 영향을 끼칩니다. 남들의 평가에서 자유로워집니다. 하늘에 계신 아버지를 기쁘시게 하고 있다는 확신을 다른 무엇보다 사랑하는 법을 곧 배웁니다.

이처럼 기쁨의 원천이 완전히 뒤바뀔 때 신자는 아무도 당할 수 없는 사람이 됩니다. 그래서 성도와 순교자들이 세상 모든 친구에게 버림을 받고서도 홀로 설 수 있었던 것이며, 모든 사람이 자신들을 불쾌히 여기는 상황에서도 그리스도를 위해 죽을 수 있었던 것입니다. 재판관들이 아타나시우스Athanasius of Alexandria를 겁주기 위해 온 세상이 그를 대적하고 있다고 경고했을 때, 그는 담대히 이렇게 대답했습니다. "그렇다면 아타나시우스가 온 세상을 대적하겠노라!" 그 외침은 오랜 세월 이어져 왔으며, 사회적 인정이라는 횡포에서 인간을 구원하여 자유롭게 하나님의 뜻을 행하게 해주는 능력이 복음에 있음을 오늘날 우리에게 일깨워 주고 있습니다.

저는 한 가지 원수를 골라서 살펴보았는데, 그 밖에도 다른 원수들이 많습니다. 각각 독자적인 별개의 것들로 보이지만 겉모습만 다를 뿐입니다. 사실상 독을 품은 넝쿨에서 뻗어 나온 가지들, 한 악한 뿌리에서 자라 나온 가지들로, 뿌리가 죽으면 다 따라서 죽게 되어 있습니다. 그 뿌리는 바로 **자아**입니다. 오직 십자가만 그 뿌리를 효과적으로 죽일 수 있습니다.

이처럼 복음은 옛 세상 한복판에서 새 창조를 전하는 메시지입니다. 하나님의 영원한 생명이 인간의 본성에 파고들어 옛 본성을 새 본성으로 바꾸어 주심을 알리는 메시지입니다. 그 생명이 신자의 본성을 붙잡아 온화하게 정복해 나가기 시작합니다. 그렇게 우리 안에 파고든 하나님의 생명이 온전히 우리 것이 되는 그날까지, 새롭게 창조된 모습이 드러나는 그날까지 이 정복은 계속됩니다. 하나님은 인간의 도움 없이 홀로 이 일을 해내십니다. 이 일은 도덕적 기적이요 영적 부활이기 때문입니다.

# 3. 부르심의 비밀

사도로 부르심을 받은……성도라 부르심을 받은……. — 고린도전서 1:1-2

사도가 여기서 사용한 "부르심을 받은"$^{called}$이라는 짧은 말은 또 다른 세계로 들어가는 문 같아서, 이 문을 통과하면 실제로 다른 세계에 들어선 것을 알게 됩니다. 그렇게 들어선 새로운 세계는 하나님의 주권적인 의지가 다스리는 세계, 인간의 의지가 끼어들지 못하는 세계, 혹 끼어든다 하더라도 결코 주인이 아닌 종속자와 종으로 복종하는 세계입니다.

바울은 여기서 자신의 사도직에 대해 설명합니다. 이 직분은 하나님의 유효한 부르심으로 얻은 것이지, 자신의 소원이나 뜻이나 결심으로 얻은 것이 아니라고 말합니다. 이것은 인간의 손에서 완전히 벗어나 아무런 영향도 받지 않는 하나님의 자유로운 부르심입니다. 반응은 인간의 몫이지만, 부르심은 그렇지 않습니다. 부르심은 오직 하나님께로부터 오는 것입니다.

두 의지―인간의 의지와 하나님의 의지―의 지배를 받는 세상, 상충하는 두 세상이 있습니다. 타락한 본성으로 이루어진 옛 세상을 다스리는 것은 인간의 의지입니다. 인간이 그곳의 왕이며, 인간의 의지가 모든 것을 결정합니다. 자신의 연약한 힘이 닿는 한도 안에서 누가 무엇을 언제 어디서 할 것인지 결정합니다. 무엇을 높이 사고 무엇을 무시할 것인지, 무엇을 받아들이고 무엇을 거부할 것인지 가치 기준을 정합니다. 인간의 의지가 모든 것을 관통합니다. "내가 결정한다", "내가 결심한다", "내가 명령한다", "다음과 같이 법으로 정한다" 같은 말들이 끊임없이 보잘것없는 인간의 입에서 흘러나옵니다. 인간이 '자기결정권'이라는 환상을 얼마나 즐기며 우스운 허영심으로 '주권을 행사하는 유권자'임을 자부하는지 모릅니다. 자신들이 곧 사라져 없어질 하루살이 인생임을 모르거나, 혹 안다 해도 생각하길 거부합니다.

시간은 유수처럼 흐르며
제 자식들을 데려가네.
동이 트면 사라지는 꿈처럼
그들도 날아가 잊혀 버리네.

분주한 인간의 종족들과
모든 걱정, 두려움도

홍수처럼 쓸려 가

훗날엔 그저 사라져 버리네.

— 아이작 와츠

   그런데도 인간은 교만하여 자기 뜻을 내세우고 이 땅의 소유권을 주장합니다. 물론 잠시 동안은 그들의 세상인 것이 맞습니다. 하나님의 존재도 자신들이 허용할 때만 인정합니다. 하나님을 마치 민주주의 국가를 방문한 왕족처럼 대우합니다. 모두가 그의 이름을 입에 올리며 환대하고, 기리고, 찬송합니다(특정 절기에 특히 그렇습니다). 그러나 이렇게 듣기 좋은 말을 하면서도 뒤에서는 자기결정권을 굳게 붙잡고 놓지 않습니다. 자기가 주인 노릇을 할 수 있는 동안에는 주의해서 하나님을 높입니다. 그러나 하나님은 늘 손님으로 계셔야지 주인이 되려 하시면 안 됩니다. 인간은 세상이 자기 것이라고 생각합니다. 자기가 세상의 법을 정하고 운영방식을 결정합니다. 하나님께 어떤 결정권도 드리지 않습니다. 그 앞에 엎드리기는 하지만, 자기 머리에 쓴 왕관을 애써 감추고 엎드립니다.

   그러나 하나님 나라에 들어서면 다른 세상이 펼쳐집니다. 우리가 떠나온 옛 세상과 완전히 다른 세상, 항상 다른 세상, 거의 모든 것이 반대되는 세상이 펼쳐집니다. 비슷해 보이지만 겉모습만 그럴 뿐입니다. "첫 사람은 땅에서 났으니 흙에 속한 자이거니와 둘째 사람은 하늘에서 나셨느니라"(고전 15:47). "육으로 난 것은 육이요 영으로 난 것은 영이니"(요 3:6). 옛 세상은 사라져도 이 세상은 영원히 남습니다.

바울은 하나님께 직접 부르심을 받고 사도가 되었습니다. "이 존귀는 아무도 스스로 취하지 못하고"(히 5:4). 때로 유명한 예술가들이 왕족 앞에서 공연하는 경우가 있는데, 그것을 '어전 공연'이라고 합니다. 아무리 재능 있고 유명한 사람이라도 왕의 부름, 거의 명령에 가까운 부름을 받지 못하면 감히 나아갈 수 없습니다. 왕의 부름을 받은 사람은 그의 위엄에 누를 끼치는 경우가 아닌 한 거절할 여지가 없습니다. 바울도 마찬가지였습니다. 하나님의 부르심은 곧 명령이었습니다. 그가 정치적 지위를 얻고자 후보로 나섰다면 유권자들의 뜻에 따라 결과가 결정되었을 것입니다. 문학계에서 자리를 얻고자 했다면 재능에 따라 결과가 결정되었을 것입니다. 운동경기에서 상을 받기 위해 경쟁했다면 힘과 기술에 따라 승패가 결정되었을 것입니다. 그러나 그의 사도직은 그렇게 결정된 것이 아니었습니다.

하나님의 방법, 하나님의 뜻이 이루어지는 방식은 얼마나 매력적인지요! 힘이나 능력이나 타고난 재능이나 훈련으로 사도가 되지 않습니다. 하나님의 유효한 부르심으로 사도가 됩니다. 교회의 모든 직분이 그렇습니다. 부르심을 깨닫고 회중 앞에서 공적으로 인정하는 일은 사람이 할 수 있지만, 스스로 직분을 선택할 수는 없습니다. 하나님의 방법과 인간의 방법이 혼합되고 뒤섞이면 혼란과 실패가 이어집니다. 선량하지만 하나님의 부르심을 받지 못한 사람이 거룩한 사역을 맡을 수 있고, 실제로 그런 경우가 종종 있습니다. 더 나쁜 것은 아직 옛 세상에 속한 사람, 중생의 기적을 통해 새로워지지 못한 사람이 하나님의 거룩한 일을 수행하는 경우입니다. 그런 모습을 보면 얼마나 안타까운지 모릅니다. 또한 그 결과가 얼마나 참담한지 모릅니다. 사람의 방법과 하나님의 방법은 영원히 반대되기 때문에 그럴 수밖에 없습니다.

우리가 지금 영적으로 연약한 이유 중 하나가 바로 이것 아닙니까? 육신으로 어떻게 성령을 섬길 수 있겠습니까? 레위 지파가 아니면서 어떻게 제단 앞에 설 수 있겠습니까? 옛 세상의 방법으로 새 세상을 섬기려 하는 것은 그야말로 헛된 짓입니다. 이 잘못된 줄기에서 오늘날 교회를 특징짓는 악한 방법들이 무성히 자라나고 있습니다. 뻔뻔한 자들이 자기주장을 내세우며 밀어붙이면, 약한 자들은 대체 무슨 권리로 그렇게 밀어붙이는지 묻지도 않고 추종합니다. 이렇게 하나님의 부르심을 무시한 결과, 교회는 불모지가 되고 혼란에 빠져 버렸습니다.

지금이야말로 성령의 지도를 다시 구해야 할 때입니다. 인간이 주인 행세를 하면서 너무 큰 대가를 치르고 있습니다. 인간의 의지가 교회를 침범하면서 온갖 비성경적인 방법과 활동들이 들어와 확실히 생명을 위협하고 있습니다. 그로 인해 해마다 많은 돈이 참된 하나님의 일이 아닌 다른 데로 흘러가고 있으며, 그리스도인들의 시간 또한 가슴 아플 만큼 엄청나게 낭비되고 있습니다.

옛 세상과 새 세상의 근본적인 차이를 파악하지 못하는 기본적인 실패에서 비롯되는 더 나쁜 악이 한 가지 있습니다. 그것은 구원이 전적으로 우리 손에 달린 작은 일인 양 무기력하게 '받아들이는' 습관입니다. 교회는 사람들에게 그리스도를 믿을 것인지 생각해 보고 '결단'하라고 권면합니다. 일 년에 하루를 '결단의 날'로 정해 놓기도 합니다. 그전까지 분명히 거부하던 자라도 그날만큼은 겸손해져서 그리스도께 자신을 구원하실 권리를 드리지 않을까 기대합니다. 이처럼 그리스도가 인간의 재판석에 다시 서시는 상황이 벌어지고 있습니다. 그리스도가 각 사람의 마음에 들기를 기다리시는 상황, 겸손히 오래 기다린 끝에 거절당하시든지 아니면 생색을 내며 인정해 주는 것에 감사하셔야 하는 상황이 벌어지고 있습니다. 인간의 자유의지에 대한 고귀하고 참된 교리를 완전히 오해한 탓에, 구원이 하나님의 뜻이 아닌 인간의 뜻에 위태롭게 기대는 일이 되어 버렸습니다.

많은 역설이 담긴 심오한 비밀임에도 여전히 참된 사실은, 우리가 일시적 기분이 아닌 주권적 부르심에 따라 성도가 된다는 것입니다. 하나님이 우리 손에서 궁극적인 선택권을 박탈하신 것을 다음과 같이 밝히지 않으셨습니까?

살리는 것은 영이니 육은 무익하니라(요 6:63).

나를 보내신 아버지께서 이끌지 아니하시면 아무도 내게 올 수 없으니(요 6:44).

내 아버지께서 오게 하여 주지 아니하시면 누구든지 내게 올 수 없다 하였노라(요 6:65).

아버지께서 아들에게 주신 모든 사람에게 영생을 주게 하시려고 만민을 다스리는 권세를 아들에게 주셨음이로소이다(요 17:2).

내 어머니의 태로부터 나를 택정하시고 그의 은혜로 나를 부르신 이가 그의 아들을 이방에 전하기 위하여 그를 내 속에 나타내시기를 기뻐하셨을 때에……(갈 1:15-16).

하나님은 우리를 자신의 형상대로 만드셨는데, 그 한 가지 특징이 바로 자유의지입니다. 우리는 "원하는 자는 누구든지 오라"고 부르시는 하나님의 음성을 듣습니다. 우리는 하나님께 양도되지 않은 의지가 얼마나 큰 재앙인지, 화와 복이 인간의 선택에 좌우되는 상황이 얼마나 큰 재앙인지 쓰라린 경험을 통해 알고 있습니다. 이 모든 일의 배후에 있는 것, 이 모든 일에 앞서 있는 것은 성도를 부르시며 인간의 운명을 결정짓는 하나님의 주권적인 권한입니다. 가장 중요한 선택은 하나님의 몫이고, 부차적인 선택은 우리 몫입니다. 우리

편에서 구원은 하나의 선택이지만, 하나님 편에서 구원은 지극히 높으신 분이 인간을 붙잡고 사로잡고 정복하시는 행동입니다. '구원을 받아들이는 것'과 '구원을 원하는 것'은 **행동**이 아닌 **반응**입니다. 결정권은 항상 하나님께 있습니다.

실제로 하나님은 모든 사람에게 그의 은혜로운 제안에 반응할 수 있는 힘을 주셨고, 반대로 마음을 닫고 자신이 선택한 밤의 세계로 어두운 걸음을 옮길 수 있는 힘도 주셨습니다. '싫다'는 선택은 우리의 것일 수 있지만, '좋다'는 선택은 항상 하나님의 것입니다. 하나님은 우리 믿음을 시작하시는 분이요 완성하시는 분입니다. 우리는 오직 그의 은혜로만 계속 믿을 수 있습니다. 불신앙으로 기우는 본성을 이기게 하는 자비로운 능력에 붙잡힐 때만 그의 뜻을 끝까지 원할 수 있습니다.

우리 인간은 얼마나 통치하길 즐기는지, 죽고 사는 권세가 우리 손에 있다고 생각하길 좋아합니다. 우리를 다스리려 하는 힘에 저항하는 길이라면 지옥이라도 가겠다고 생각하길 좋아합니다. 이 점을 잘 알았던 밀턴(John Milton)은 사탄이 다음과 같이 교만한 저항의 말을 하는 장면을 묘사했습니다.

진지를 빼앗긴들 어떻단 말인가?
전부 다 잃은 것은 아니다.
정복되지 않는 의지, 복수의 연구, 불멸의 증오,

용기는 결코 굴하거나 꺾이지 않는다.
다른 것에서는 패하지 않았으니,
그의 진노나 힘은 결코 우리 영광을
빼앗지 못하리라.*

이처럼 자신의 은밀한 생각을 감히 입 밖에 내는 사람은 거의 없지만, 천국과 지옥의 열쇠가 자기 손에 있다는 생각을 받아들이는 사람은 무수히 많습니다. 현대 복음주의 설교의 내용 전체가 이런 태도를 부추기고 있습니다. 인간은 커지고 하나님은 작아졌습니다. 그리스도는 존경보다 연민을 불러일으키는 분, 덩굴 덮인 문 밖에 등불을 들고 온순하게 서 계시는 분이 되어 버렸습니다.

이처럼 하나님을 인간의 의지에 종속된 분이나 인간의 마음에 들길 공손히 기다리는 분으로 여기는 것이 얼마나 심각한 잘못인지 모릅니다. 주님의 겸손한 사랑 탓에 우리 마음대로 대해도 되는 분처럼 보일 수 있지만, 사실은 단 한 순간도 왕권을 포기하시거나 인간과 자연의 주인 되신 권리를 버리신 적이 없습니다. 그는 "높은 곳에 계신 지극히 크신 이"십니다. 모든 천사와 하늘과 하늘에 있는 모든 권세가 그를 향해 크게 외치며, 그룹과 스랍이 계속해서 외치는 소리는 "거룩하도다, 거룩하도다, 거룩하도다, 만군의 주 하나님

* 『실낙원』*Paradise Lost* 제1권 중에서.

이여, 하늘과 땅 그 영광의 위엄으로 가득하도다"라는 것입니다. 이삭도 그를 무서워했고, 야곱도 그를 두려워했습니다. 선지자와 족장과 성도들도 경외감과 사모함으로 숨 죽여 그 앞에 엎드렸습니다.

그의 위엄에 대한 인식과 감각이 교회에서 점차 사라지고 있는 것은 불길한 징조이자 전조입니다. 현대는 이러한 정신의 반역으로 인해 과중한 대가를 치르고 있습니다. 해가 갈수록 그 대가가 얼마나 더 과중해지는지 모릅니다. 하나님은 우리의 뜻을 수발드는 종이 되어 버렸습니다. 우리는 "**여호와는** 나의 목자시라"고 말하는 대신 "여호와는 **나의** 목자시라"고 말합니다. 그 사이에는 엄청난 차이가 있습니다.

'하나님의 주권'이라는 잃어버린 개념을 단순히 하나의 교리가 아닌 엄숙한 신앙 정서의 원천으로 회복할 필요가 있습니다. 세상을 다스리며 휘두른다고 착각했던 허깨비 홀(笏)을 우리의 죽어 가는 손에서 내던질 필요가 있습니다. 우리는 티끌과 재에 불과하다는 사실, 하나님이 우리 운명의 처분권을 가지고 계시다는 사실을 알고 깨달을 필요가 있습니다. 우리 그리스도인들이 "높이 계신 지극히 크신 이를 두려워하라"는 가르침을 이방 왕에게 들어야 한다는 것은 참으로 부끄러운 일입니다. 느부갓네살은 하나님의 징계를 받고 이렇게 말했습니다.

나 느부갓네살이 하늘을 우러러보았더니 내 총명이 다시 내게로 돌아온지라. 이에 내가 지극히 높으신 이에게 감사하며 영생하시는 이를 찬양하고 경배하였나니 그 권세는 영원한 권세요 그 나라는 대대에 이르리로다. 땅의 모든 사람들을 없는 것같이 여기시며 하늘의 군대에게든지 땅의 사람에게든지 그는 자기 뜻대로 행하시나니 그의 손을 금하든지 혹시 이르기를 네가 무엇을 하느냐고 할 자가 아무도 없도다(단 4:34-35).

겸손해진 왕은 "그때에 내 총명이 내게로 돌아왔"다고 덧붙입니다(36절). 이 본문은 비교적 덜 알려진 책에 기록되어 있는 탓에 쉽게 간과되곤 합니다. 그러나 겸손과 총명이 같이 돌아왔다는 것은 정말 의미심장한 말 아닙니까? "그러므로 지금 나 느부갓네살은 하늘의 왕을 찬양하며 칭송하며 경배하노니 그의 일이 다 진실하고 그의 행하심이 의로우시므로 교만하게 행하는 자를 그가 능히 낮추심이라"(37절). 왕의 교만은 일종의 광기가 되어 결국 그를 들판으로 몰아냈고 짐승들과 함께 지내게 만들었습니다. 자신을 크게 보고 하나님을 작게 보았을 때 그의 총명은 사라졌습니다. 자신이 아무것도 아니요 하나님이 전부이심을 깨달았을 때에야 비로소 총명이 돌아왔습니다.

느부갓네살의 도덕적 광기가 나라들을 뒤덮고 있습니다. 명망

• 자유의지론으로 알려진 영국 시인.

높은 학자들이 스윈번$^{Algernon\ Charles\ Swinburne}$ •과 함께 "지극히 높은 곳에 있는 인간에게 영광을"이라고 오랫동안 외쳐 왔고, 대중도 그 구호를 따라 외치고 있습니다. 그 결과 이상한 정신박약 증세가 생겼는데, 그 특징은 극도의 자만심과 스스로 도덕적 위엄을 갖추고 있다고 착각하는 망상입니다. 참되신 하나님은 예배하길 거부하고, 자기 자신은 애정 어린 헌신으로 예배하고 있습니다. 영적인 총명을 되찾으려면 회개와 참된 겸손이 필요합니다. 우리가 얼마나 죄로 가득 찬 하찮은 존재인지, 하나님이 곧 다시 깨우쳐 주시길 구합니다.

4.　　　　　　　　　　　패배를 통한 승리

그가 이르되 네 이름을 다시는 야곱이라 부를 것이 아니요 이스라엘이라 부를 것이니
이는 네가 하나님과 및 사람들과 겨루어 이겼음이니라. ― 창세기 32:28

그러나 내게는 우리 주 예수 그리스도의 십자가 외에 결코 자랑할 것이 없으니
그리스도로 말미암아 세상이 나를 대하여 십자가에 못 박히고
내가 또한 세상을 대하여 그러하니라. ― 갈라디아서 6:14

옛 시대에 하나님과 동행한 이들의 경험은 '하나님이 먼저 사람을 정복하셔야 온전히 축복하실 수 있다'는 가르침과 일치합니다. 사람이 누리는 축복의 정도는 하나님이 그를 온전히 정복하신 정도에 정확히 비례합니다. 이것은 기독교의 신조 중에서도 심각하게 무시당하고 있는 교리이자 자기 확신의 시대를 사는 많은 이들이 이해하지 못하는 교리지만, 그럼에도 우리 모두에게 실제로 중요한 교리입니다. 창세기는 이 영적 원리를 잘 예시해 줍니다.

늙은 야곱은 '발꿈치를 잡은 자'라는 이름을 가진 꾀 많은 인물로, 그의 '강함'은 거의 치명적인 '약함'이기도 했습니다. 그는 자기 성품 속에 정복되지 못한 어려운 문제를 안고 인생의 3분의 2를 살았습니다. 광야에서 본 영광스러운 환상도, 하란에서 오랫동안 겪은 쓰라린 연단도 해로운 그 강함을 꺾지는 못했습니다. 응용 심리학에 능

통했던 이 기민하고 똑똑한 노인은 해질 무렵 얍복 강가에 섰을 때에야 비로소 값비싼 교훈을 얻었습니다. 그가 보여준 모습은 아름다운 것이 아니었습니다. 그는 만들다가 망친 그릇 같았습니다. 그의 소망은 패배에 있었습니다. 그는 해질 무렵에 몰랐던 이 사실을 다음날 해 뜨기 전에 배웠습니다. 하나님이 자비하심으로 그의 허벅지 관절을 치시고 완전한 승리를 거두실 때까지 그는 밤새 저항했습니다. 그렇게 굴욕스러운 패배를 겪고 나서야 악한 강함에서 해방되는 기쁨, 하나님께 정복당하는 즐거움을 맛보았습니다. 그는 큰소리로 축복을 구하며, 축복하시기 전에는 놓아 드리지 않겠다고 했습니다. 그것은 긴 싸움이었지만 하나님이 보실 때 야곱은 그런 수고를 들일 가치가 있는 사람이었습니다(그 이유는 하나님만 아십니다). 그는 딴사람이 되었습니다. 완고하고 고집 센 반항아에서 온유하고 기품 있는 하나님의 벗이 된 것입니다. 이것은 사실상 그의 승리였습니다. 그 승리는 강함이 아닌 약함을 통해 왔습니다.

정복당한 사람만 참된 축복을 맛봅니다. 이것은 삶에 토대를 둔 건전한 철학이자 사물의 구성 원리상 필연적인 사실입니다. 그렇다고 맹목적으로 받아들일 필요는 없습니다. 이것이 진리인 이유를 찾아보면 됩니다. 우리는 피조물입니다. 자존적인 존재가 아니라 파생된 존재입니다. 우리 스스로 생명을 가지고 살 수 없습니다. 생명의 원천이요 근원이신 하나님을 내내 전적으로 의지해야 합니다. 오직 그를 온전히 의지해야 우리 본성에 감추어진 생명의 가능성이 실현

됩니다. 그렇게 하지 않으면 창조주의 형상대로 지음받았던 존귀한 인류의 추하고 기형적인 후손이자 반쪽짜리 인간이 됩니다.

주님은 옛적에 이미 모든 육체가 그 앞에서 멸망당할 것을 선언하셨습니다(창 6:13 참조). 세월이 지났지만 그 선고의 강도는 조금도 경감되지 않았습니다. "육신의 생각은 사망이요……육신의 생각은 하나님과 원수가 되나니 이는 하나님의 법에 굴복하지 아니할 뿐 아니라 할 수도 없음이라. 육신에 있는 자들은 하나님을 기쁘시게 할 수 없느니라"(롬 8:6-8). 하나님은 이 같은 말씀으로 옛적에 내리신 유죄선고를 공고히 하셨습니다. 우리가 인정하느냐 아니냐와 상관없이 죽음의 철퇴는 이미 내려졌습니다. 자신을 의지하지 않고 죽은 자를 다시 살리시는 하나님을 의지하는 법을 배우는 것이야말로 구원에 이르는 지혜입니다. 인간의 생명처럼 덧없이 사라지는 것을 어떻게 믿겠습니까?

> 단언컨대 현자는 소멸될 것에서
> 안식을 찾지 않으며,
> 시간과 함께 변하는 것에 마음을 주지 않노라.

이것은 16세기부터 전해 내려온 말로서, 조용한 지혜의 시간에 생각해 보면 이 말이 맞는다는 것을 알고 느끼게 됩니다. 그런데도 왜 소멸될 것을 믿다가 시간에 사기당하고 변화에 속아 넘어가는 것일까요? 우리 잔에 독을 풀어 반역하게 만든 자가 대체 누구일까요? 바로 옛 뱀 마귀입니다. 그는 태초에 우리를 꾀어 그 당시 상황을 볼 때 너무나 희극적이면서도 심히 비극적인 독립선언, 성급한 독립선언을 하게 만들었습니다. 원수는 전능자와 힘을 겨루려 드는 우리의 어처구니없는 허영심을 비웃을 것이 틀림없습니다. 그것은 가장 냉소적인 희극이자 모든 무덤가의 슬픔과 눈물로 얼룩진 비극입니다.

우리 마음을 조금만 알아도 우리 안에 소망이 없음을 인정하지 않을 수 없으며, 주위를 살짝만 둘러보아도 외부의 도움 또한 기대할 수 없음을 알게 됩니다. 자연 자체가 우리(하나님을 떠난 우리)는 피조세계의 고아에 불과하다는 것, 도저히 이해 못 할 거대한 힘들의 소용돌이에 무력하게 휘말린 채 광막한 공간을 떠도는 방랑자에 불과하다는 것을 가르쳐 줍니다. 보이지 않는 엄청난 힘이 세상을 쓸고 지나가며 세대와 도시와 문명을 남깁니다. 잠시 우리의 집이었던 땅이 우리에게 제공하는 것은 결국 무덤 하나뿐입니다. 이 땅에는 안전한 것이나 따뜻한 것이 없습니다. 주님 안에는 자비가 있지만 세상에는 아무것도 없습니다. 자연과 인생은 선악도 모르고 인간의 슬픔이나 고통도 모른 채 흘러갑니다.

하나님이 그날 밤 강가에서 야곱과 대면하신 것은 거짓된 소망에서 구원하시기 위해서였습니다. 자기 신뢰에서 구원하시기 위해 그를 정복하여 통제권을 박탈하셔야 했고, 큰 힘을 쓰며 사랑의 매로 다스리셔야 했습니다. 영국의 감미로운 찬송시인 찰스 웨슬리

Charles Wesley는 성숙한 그리스도인들 사이에서도 찾아보기 힘든 영적 통찰력으로, 야곱이 얍복 강가에서 하나님과 씨름하면서 기도했으리라 생각되는 내용을 그의 입을 빌어 노래했습니다.

> 제 힘은 빠지고 본성은 죽었나이다.
> 무겁게 짓누르는 당신의 손 아래 무너졌나이다.
> 회복할 힘도 없고 일어설 힘도 없이
> 쓰러졌으나, 믿음으로 일어섰나이다.
> 그렇게 서서, 당신의 이름과 본성을 알기 전에는
> 보내 드리지 않으려 하나이다.
>
> 비록 다리는 절게 되었으나 사냥감을 잡았나이다.
> 지옥과 세상과 죄를 넉넉히 이겼나이다.
> 이제 기뻐 뛰며 제 길을 가겠나이다.
> 쏜살같이 집으로 달려가는 수사슴처럼 달려가
> 당신의 본성과 이름은 사랑이라고
> 영원히 증언하겠나이다.

하나님께 우리를 침입해서 정복해 달라고 마땅히 기도해야 합니다. 그렇지 않으면 수많은 원수의 위험에 노출됩니다. 우리 안에는 붕괴의 씨앗이 들어 있습니다. 도덕적인 무분별함 때문에 돌발적으로, 또는 무모하게 자신을 파괴할 위험이 늘 있습니다. 육신의 강함은 영혼에 상존하는 위험입니다. 이 위험에서 벗어나려면 옛 생명이 패배해야 합니다. 강제로 무릎을 꿇게 되어야 비로소 안전과 평화가 찾아옵니다. 하나님은 우리를 꺾으심으로, 우리의 강함을 깨뜨리시고 우리의 저항을 소탕하심으로 구조하십니다. 그리고 태초부터 있던 영원한 옛 생명을 가지고 우리 본성에 침입하십니다. 그렇게 우리를 정복하십니다. 그 온화한 정복을 통해 홀로 우리를 구원하십니다.

이처럼 쉽게 찾을 수 있는 비결이 공개되어 있는데도 이 길을 버리고 거의 모든 분주한 활동에 매달리는 이유가 무엇입니까? 인간의 육신 위에 교회를 세우는 이유가 무엇입니까? 주님이 오래전에 내치신 것은 그토록 중시하면서 하나님이 귀히 여기시는 것은 멸시하는 이유가 무엇입니까? 그리스도와 함께 죽으라고 가르치는 대신, 죽어가는 인간의 강함을 가지고 살라고 가르치기 때문입니다. 우리는 약함이 아닌 강함을 자랑합니다. 그리스도가 거짓된 것으로 선포하신 가치들이 되돌아와 복음주의 진영에서 인정받고 있으며, 기독교적 방식의 생명이자 본질로 권장되고 있습니다. 세상에서 명성을 얻은 이런저런 인물들의 인정을 받기 위해 얼마나 열심을 다하는지 모릅니다. 참으로 부끄럽게도 회심한 명사들을 부당하게 이용하고 있습니다. 인기에 굶주린 지도자들은 무명의 치욕을 벗기 위해 유명한 운동선수든 국회의원이든 여행가든 부요한 사업가든 가리지 않고 불러옵니다. 그런 이들 앞에서 비굴하게 웃으며 고개를 조아리고 기독교 신문과 잡지를 통해 추켜세웁니다. 이처럼 교회의 입지를 높이기 위해 인간에게 영광을 돌리며, 생명의 왕이신 주님의 영광을 곧 죽을 인간의 덧없는 명성에 걸어 놓습니다.

그리스도를 따른다고 하면서도 그리스도의 종들이 한 말을 그토록 가벼이 여기는 것을 보면 놀랍습니다. 하나님의 종 야고보의 경고를 심각하게 받아들인다면 그런 행동을 할 수가 없습니다.

> 내 형제들아, 영광의 주 곧 우리 주 예수 그리스도에 대한 믿음을 너희가 가졌으니 사람을 차별하여 대하지 말라. 만일 너희 회당에 금가락지를 끼고 아름다운 옷을 입은 사람이 들어오고 또 남루한 옷을 입은 가난한 사람이 들어올 때에 너희가 아름다운 옷을 입은 자를 눈여겨보고 말하되 여기 좋은 자리에 앉으소서 하고 또 가난한 자에게 말하되 너는 거기 서 있든지 내 발등상 아래에 앉으라 하면 너희끼리 서로 차별하며 악한 생각으로 판단하는 자가 되는 것이 아니냐. 내 사랑하는 형제들아, 들을지어다. 하나님이 세상에서 가난한 자를 택하사 믿음에 부요하게 하시고 또 자기를 사랑하는 자들에게 약속하신 나라를 상속으로 받게 하지 아니하셨느냐(약 2:1-5).

바울은 야고보가 여기에서 고소하고 있는 자들과 다른 관점을 취했습니다. 자신은 "세상에 대해 십자가에 못 박혔다"고 했습니다(갈 6:14). 예수가 달려 죽으신 십자가는 사도가 달려 죽은 십자가이기도 했습니다. 손해와 거부와 수치는 그리스도뿐 아니라 참으로 그에게 속한 모든 자들의 것입니다. 그들을 구원하는 십자가는 곧 그들을 죽이는 십자가이기도 합니다. 이 일이 일어나지 않는 믿음은 사이비 믿음입니다. 절대 참된 믿음이 아닙니다. 복음주의 지도자 대다수가 십자가에 못 박힌 자답게 행하지 않고 세상을 가치 있게 여기는—세상 것들 중 비교적 더 역겨운 요소들만 거부하는—이때, 우리가 무슨 말을 할 수 있겠습니까? 주님을 따르는 자들이 세상에서 인정받고 칭송받는 것을 보면서 십자가에 못 박혀 죽으신 주님을 우리가 과연 대면할 수 있겠습니까? 그러면서도 그들은 십자가를 설교하며, 스스로 참된 신자라고 큰소리로 항변합니다. 그러면 십자가가 두 개란 말입니까? 바울이 말한 십자가와 그들이 말하는 십자가가 따로 있습니까? 정말 그런 것 같아서, 두 개의 십자가가 있는 것 같아서, 옛 십자가와 새 십자가가 있는 것 같아서 두렵습니다.

저 자신도 심히 불완전한 사람임을 알기에 그리스도의 귀한 이름을 가진 이들, 그리스도인으로 불리는 모든 이들을 사랑하는 마음으로 생각하며 말하고 싶습니다. 그럼에도 제가 제대로 보았다면, 대중적인 복음주의가 전하는 십자가는 신약성경의 십자가가 아닙니다. 손은 아벨의 것이되 음성은 가인의 것인, 정욕적이고 자기 확신에 찬 기독교의 가슴에서 빛나는 새 장신구일 뿐입니다. 옛 십자가는 사람을 죽였지만, 새 십자가는 즐겁게 합니다. 옛 십자가는 사람을 정죄했지만, 새 십자가는 재미있게 합니다. 옛 십자가는 육신에 대한 신뢰를 무너뜨렸지만, 새 십자가는 부추깁니다. 옛 십자가는 눈물과 피를 불러왔지만, 새 십자가는 웃음을 불러옵니다. 육신이 미소를 지으며 자신만만하게 십자가를 설교하며 찬양합니다. 십자가 앞에서 몸을 굽히며, 세심하게 연출된 몸짓으로 십자가를 가리킵니다. 그러나 십자가에 달려 죽으려 하지는 않습니다. 십자가의 치욕을 감당하는 일은 완강히 거부합니다.

새 십자가를 지지하는 그럴 듯한 주장들이 많다는 것은 저도 잘 압니다. 새 십자가에도 사람들을 회심시키고 많은 추종자를 양산해 냄으로써 숫자상의 성공을 가져온다는 유익이 있지 않습니까? 우리도 시대의 변화에 적응해야 하지 않습니까? "새 시대에는 새 방법으로"라는 표어도 있지 않습니까? 아주 늙고 보수적인 사람이 아니라면 누가 죽음을 생명에 이르는 길로 고집하겠습니까? 육신에 십자가형을 선고하며 자아를 꺾는 겸손을 현대 그리스도인이 실천해야 할 미덕으로 권장하는 우울한 신비주의에 관심을 가질 사람이 오늘날 누가 있겠습니까? 이런 주장들이 더 근거가 박약한 다른 주장들과 함께, 대중적인 기독교의 공허하고 무의미한 십자가에 지혜의 허울을 씌우는 데 동원되고 있습니다.

우리 시대의 비극에 눈을 뜬 자들이 분명히 많은데도, 십자가에 대한 증언이 절실히 필요한 이때 오히려 침묵하는 이유가 대체 무엇입니까? 그들은 그리스도의 이름으로 십자가의 효력을 무효화하고 있습니다. "내가 듣기에는 노래하는 소리로다"(출 32:18). 그들은 금으로 십자가를 조각해 놓고 그 앞에 앉아서 먹고 마시며 일어나 뛰놀고 있습니다. 눈이 먼 탓에 하나님이 능력으로 행하신 일을 자기 손으로 만든 작품으로 바꾸어 버렸습니다. 아마도 지금 가장 필요한 일은 돌판을 산 아래로 내던지며 교회를 향해 회개와 심판을 외칠 선지자의 출현일 것입니다.

그리스도를 따르려는 모든 사람이 갈 길은 분명히 정해져 있습니다. 그것은 죽음을 거쳐 생명으로 나아가는 길입니다. 생명이 죽음 바로 뒤에서 항상 손짓하며, 자기 자신에게 진저리치는 자들을 부르고 있습니다. 이 길로 와서 더 풍성한 생명을 얻으라고 부르고 있습니다. 새 생명에 이르려면 사망의 음침한 골짜기를 통과해야 합니다. 이런 말을 들으면 바로 뒤돌아서 그리스도를 따르지 않을 자들이 많다는 것을 저도 압니다. 그러나 "영생의 말씀이 주께 있사오니 우리가 누구에게로" 가겠습니까?(요 6:68)

좋은 마음으로 그리스도를 따르다가도, 십자가 사상에 담겨 있는 듯 보이는 병적인 면을 받아들일 수가 없어서 뒷걸음질 치는 경우가 있습니다. 태양을 사랑하는 자들은 늘 그늘 속에 사는 삶을 생각조차 하기 힘듭니다. 그들은 죽음과 함께 거하길 원치 않으며 죽음의 분위기 속에서 영원히 살기도 원치 않습니다. 그것은 당연한 본능입니다. 너무 많은 임종의 장면과 교회 묘지와 장례식들이 교회의 인상을 전적으로 형성해 왔습니다. 퀴퀴한 냄새, 성직자들의 엄숙하고 느린 걸음걸이, 예배하는 자들의 가라앉은 침묵, 죽은 이에게 마지막 경의를 표하기 위해서만 교회에 오는 다수의 사람들, 이 모든 것이 중첩되어 신앙이란 마치 큰 수술처럼 위기에 봉착했을 때만 감내하는 두려운 것이라는 생각을 형성했습니다. 그러나 그것은 십자가 신앙이 아닙니다. 십자가 신앙의 조잡한 모조품일 뿐입니다. 묘지의 기독교가 십자가 교리에서 그렇게 동떨어진 것은 아니라 하더라도, 오늘날 쾌활한 새 십자가가 등장하게 된 원인을 일부 제공했다는 비판은 피할 수 없습니다. 사람들은 생명을 갈구하면서도, 그 생명이 어떻게 십자가를 통해 올 수 있는지 납득하지 못합니다. 기념 명판이나 어두침침한 복도나 담쟁이넝쿨 같은 전형적인 이미지와 관련해서만 십자가를 생각하도록 가르침을 받았기 때문입니다. 그래서 십자가의 참된 메시지를 거부하며, 우리에게 알려진 유일한 생명의 소망까지 함께 거부해 버립니다.

사실 하나님은 자신의 자녀들이 십자가에 사지를 못 박힌 채 영원히 살도록 계획하신 적이 결코 없습니다. 그리스도도 여섯 시간 동안만 십자가를 지셨습니다. 십자가의 역할이 끝나자 생명이 와서 그 자리를 대신 차지했습니다. "이러므로 하나님이 그를 지극히 높여 모든 이름 위에 뛰어난 이름을 주사"(빌 2:9).

기쁘지 않은 십자가 처형 뒤에 기쁜 부활이 따라왔습니다. 십자가가 부활보다 먼저입니다. 십자가에 이르지 못하고 멈추어 버린 생명은 유죄선고를 받은 일시적인 생명, 결국 되찾지 못하고 잃어버릴 생명입니다. 반면에, 십자가로 나아가 죽었다가 그리스도와 함께 다시 살아난 생명은 결코 죽지 않는 신성한 보화입니다. 죽음이 더 이상 그 생명을 지배하지 못합니다. 옛 생명을 십자가로 가져가길 거부하는 자는 죽음을 피하려 합니다. 그러나 아무리 발버둥 쳐도 그 생명은 잃게 되어 있습니다. 반면에, 자기 십자가를 지고 그리스도를 따라가는 사람은 무덤에서 벗어난 것을 바로 깨닫습니다. 죽음은 뒤로 물러나고, 점점 더 커지면서 기쁨을 주는 생명이 앞으로 나옵니다. 이제 어두침침한 교회당이나 묘지나 공허하게 울리는 목소리나 검은 옷(죽은 교회의 수의에 불과한 옷)이 아닌 "말할 수 없는 영광스러운 즐거움"이 그의 하루하루를 채웁니다(벧전 1:8).

진정한 믿음은 항상 수동적인 수용 그 이상을 의미하는 것이 분명합니다. 믿음은 은혜로운 결말을 맞기 위해 어차피 죽을 아담의 생명을 십자가에 내놓는 것입니다. 즉, 우리의 악한 육신에 내리시는 하나님의 정의로운 선고를 받아들이며, 옛 생명의 추한 이력을 끝내시는 하나님의 권리를 인정하는 것입니다. 자신을 그리스도와 함께 못 박힌 자로, 또한 부활하여 새 생명을 얻은 자로 여기는 것입니다. 이런 믿음을 가질 때, 하나님은 항상 우리가 여긴 그대로 일하십니다. 우리 삶을 정복하기 시작하십니다. 우리 본성을 실질적으로 사로잡으심으로, 강권적인 사랑으로 날카롭게 침입하심으로 정복하기 시작하십니다. 우리의 저항을 진압하시고 사랑의 줄로 잡아매서 자신에게로 끌어당기십니다. 그때 우리는 "그의 사랑에 놀라 정신을 잃고" 쓰러지며, 그 복된 정복에 거듭 감사드리게 됩니다. 도덕적인 총명을 되찾고 눈을 들어 지극히 높으신 하나님을 송축하게 됩니다. 처음에 하나님께 잡힌 바 된 그것을 잡기 위해 믿음으로 나아가게 됩니다.

> 천지의 주재이신 아버지여, 이것을 지혜롭고 슬기 있는 자들에게는 숨기시고 어린아이들에게는 나타내심을 감사하나이다. 옳소이다. 이렇게 된 것이 아버지의 뜻이니이다(눅 10:21).

5.                                우리가 잊어버린 분

보혜사 곧 아버지께서 내 이름으로 보내실 성령. — 요한복음 14:26

자유주의자들은 그리스도의 신성을 무시하거나 부인함으로 그를 불완전하게 만드는 참담한 실수를 저질렀습니다. 그의 죽음은 단순한 순교가 되었고, 그의 부활은 신화가 되었습니다. 한낱 인간에 불과한 구주를 따르는 자들은 구주를 따르는 것이 아니라 단순히 하나의 이상을 따르는 것이며, 더 나아가 인간의 연약함과 죄를 비웃는 일 이상은 할 수 없는 인물을 따르는 것입니다. 마리아의 아들이 다른 인간들처럼 하나님의 아들이 아니라면, 인류에게는 더 이상 소망이 없습니다. 자신을 "세상의 빛"이라고 불렀던 이가 단순히 깜박이는 횃불에 불과하다면(요 9:5), 세상을 뒤덮고 있는 어둠은 그대로 남게 됩니다. 이른바 기독교 지도자들은 이 문제를 대수롭지 않게 여기지만, 그렇다고 양떼의 영혼에 대한 책임까지 면할 수 있는 것은 아닙니다. 하나님은 그들을 영적인 인도자로 믿고 따랐던 평범한 이들에게 끼친 해악의 책임을 물으실 것입니다.

그리스도의 신성을 부인하는 자유주의자들의 행태도 잘못이지만, 정통신앙을 자랑하며 그들에게 분노하는 우리 자신의 결점에도 눈을 감아서는 안 됩니다. 확실히 지금은 스스로 칭송할 때가 아닙니다. 우리 또한 최근에 큰 대가가 따르는 신앙상의 잘못, 자유주의자들과 거의 흡사한 잘못을 저지르고 있기 때문입니다. 우리의 잘못은(솔직히 우리의 죄라고 해야 하지 않을까요?) 성령 교리를 무시하는 것으로서, 사실상 하나님이신 성령의 지위를 부인하는 지경까지 이르렀습니다. 물론 공개적인 교리의 형태로 부인하는 것은 아닙니다. 기독교 신조를 공표할 때는 성경적 입장을 굳게 고수합니다. 이처럼 공식적인 신앙고백은 건전하지만 실제적인 신앙고백은 무너져 있습니다.

이 괴리는 사소한 것이 아닙니다. 교리의 실질적인 가치는 오직 우리 사고에서 중요한 자리를 차지하며 우리 삶에 변화를 가져오는 데 있습니다. 이 잣대로 검증해 보면, 오늘날 복음주의 그리스도인들이 믿고 있는 성령 교리는 실질적인 가치가 거의 없다고 보아야 합니다. 대부분의 교회들이 성령을 완전히 간과하고 있습니다. 성령이 계시든 안 계시든 사실상 차이를 느끼지 못합니다. 송영을 부를 때나 축도할 때만 잠깐씩 언급할 뿐입니다. 더 심하게 말하면 성령이 안 계셔도 상관이 없습니다. 그렇게 완벽하게 성령을 무시하는데도 단지 관례상 삼위일체론 신봉자로 불립니다. 기독교의 삼위일체 교리는 세 위(位)가 동등하시며, 따라서 성령 또한 경배와 영광을 받으실 권리가 있다고 담대히 선포합니다. 그에 못 미치는 것은 삼위일체론이 아닙니다.

우리는 복되신 제3위에 대한 교리를 무시함으로써 심각한 결과를 초래했고, 지금도 초래하고 있습니다. 교리는 다이너마이트입니다. 그 위력이 나타나도록 터뜨려야 한다는 점을 아주 분명하게 강조할 필요가 있습니다. 터뜨리지 않으면 평생 우리 생각 뒤편에 조용히 파묻힌 채 아무 효력을 발휘하지 못합니다. 성령 교리는 묻혀 있는 다이너마이트입니다. 교회가 그 능력을 발견해 사용해 주길 기다리고 있습니다. 성령론의 진리를 짐짓 점잖게 인정하는 자에게는 그 능력이 나타나지 않습니다. 성령은 자신에 대한 교리를 찬송가 뒷장 신앙고백에 포함시키느냐 아니냐에 관심을 두지 않으십니다. 오직 우리가 자신에게 집중하길 기다리실 뿐입니다. 기독교의 교사들이 성령을 생각하기 시작해야 듣는 이들도 성령을 기대하기 시작합니다. 성령이 부수적인 존재에서 벗어나 다시 근본적인 존재가 되셔야 그 능력이 그리스도인이라고 불리는 자들 사이에 한 번 더 나타날 것입니다.

오늘날 평범한 교인들이 성령에 대해 가지고 있는 생각은 너무나 모호해서 사실상 존재하지 않는 분으로 여긴다고 해도 무방할 정도입니다. 혹시 성령에 대해 생각한다 해도 눈에 보이지 않는 한 줄기 연기 같은 물질, 교회에 있거나 선한 사람들이 죽어갈 때 그 위를 맴도는 희미한 물질을 상상하기 쉽습니다. 아니, 솔직히 말하면 그조차도 믿지 않습니다. 무언가 믿고는 싶지만 성경에 비추어 진리 전체를 조사해 보는 수고를 할 마음은 없기에, 삶의 중심으로부터 가능한 한 멀리 떨어진 곳에서 성령에 대한 믿음을 고수하되 실제로는 그 믿음이 자신을 건드려 바꾸지 못하도록 거리를 유지하는 타협을 합니다. 놀랍게도 이것은 진지하게 그리스도인이 되려 하는 다수의 성실한 자들에게 해당되는 말입니다.

자, 그렇다면 우리는 성령에 대해 어떻게 생각해야 할까요? 이 질문에 충분히 대답하려면 수십 권의 책을 써야 할 것입니다. 지금 우리가 할 수 있는 일은 '위에서 내리는 은혜로운 기름부음'이라는 점을 지적하는 것, 독자의 마음에 성령을 향한 열망이 생겨 복되신 제3위를 스스로 알아야겠다는 자극을 받길 바라는 것뿐입니다.

그동안 제가 그리스도인의 경험에 대한 글들을 제대로 읽었다면, 성령의 능력을 마음껏 누린 이들은 기존의 정의를 가지고 성령에 대해 이야기하지 않았습니다. 성령 안에서 행했던 성경의 성도들은 성령을 설명하려 들지 않았습니다. 성령으로 충만했던 성경 시대 이후의 사람들, 성령께 사로잡혔던 많은 이들도 문학적 재능의 한계로 성령에 대해 충분히 알려 줄 수 없었습니다. 자신을 분석할 능력이 없었던 그들은 내면에서 우러나오는 대로 무비판적으로 단순하게 살았습니다. 그들에게 성령은 주 예수처럼 자신들이 사랑하고 교제하는 하나님이셨습니다. 성령의 본질에 대해 형이상학적으로 토론하라고 했다면 크게 당황했겠지만, 거룩한 삶을 살게 하시고 섬김의 열매를 맺게 하시는 성령의 능력을 주장하는 데는 아무 어려움이 없었습니다.

이것은 당연한 일입니다. 실생활에서 항상 우선되는 것은 개인의 경험입니다. 현실의 경험은 가장 간단하고 직접적으로 이루어진다는 점이 무엇보다 중요합니다. 어린아이는 화학이나 영양학을 몰라도 영양가 있는 음식을 먹습니다. 시골 소년은 지그문트 프로이트Sigmund Freud나 해블록 엘리스Havelock Ellis*를 몰라도 순수하게 사랑하는 기쁨을 압니다. 직접적인 지식은 간접적인 지식보다 항상 우월합니다. 간접적인 지식이 전제되거나 반드시 있어야 직접적인 지식을 얻는 것이 아닙니다.

인간 경험의 영역 중에 대상에 대해 아는 지식knowing about과 대상 자체를 아는 지식knowing을 항상 날카롭게 구분해야 할 영역이 있다면 바로 신앙의 영역일 것입니다. 음식에 대해 아는 일과 음식을 실제로 먹는 일이 다른 것처럼 이 두 지식도 서로 다릅니다. 빵에 대한 모든 것을 알면서도 굶어 죽을 수 있는 것처럼, 기독교와 관련된 모든 역사적 사실을 알면서도 영적으로 죽어 있을 수 있습니다. "영생은 곧 유일하신 참 하나님과 그가 보내신 자 예수 그리스도를 아는 것이니이다"(요 17:3). 이 구절에 한 단어만 덧붙여 보면 대상에 대

---

* 일곱 권짜리 『성의 심리학 연구』*Studies in the Psychology of Sex*를 쓴 영국 의사(1859-1939).

해 아는 지식과 대상 자체를 아는 지식의 차이가 얼마나 큰지 알게 됩니다. "영생은 곧 유일하신 참 하나님과 그가 보내신 자 예수 그리스도에 **대해** 아는 것이니이다." 이 한 단어가 이 구절의 뿌리까지 내려가 신학을 근본적으로 심각하게 바꾸어 버림으로써 삶과 죽음의 길을 갈라놓습니다.

그렇다고 대상에 대해 아는 지식을 과소평가하는 것은 아닙니다. 그 지식은 실제 경험으로도 알고 싶은 열망을 불러일으킬 수 있다는 점에서 가치가 있습니다. 그렇게 간접적인 지식에서 직접적인 지식으로 나아갈 수 있습니다. 물론 그럴 수 있다는 것이지 반드시 그렇다는 것은 아닙니다. 성령에 대해 배웠다고 해서 실제로도 성령을 안다고 감히 결론지으면 안 됩니다. 성령을 알려면 인격적으로 만나야 합니다.

성령에 대해 어떻게 생각해야 할까요? '영'이라는 단어 자체에서 많은 것을 배울 수 있습니다. 영은 물질 너머의 차원에 있는 존재를 가리키는 말입니다. 물질과 다른 방식으로 존속하는 생명체를 가리키는 말입니다. 영은 무게나 차원이나 크기나 차지하는 공간이 없는 실체입니다. 물질에 해당되는 특질들이 영에는 적용되지 않습니다. 그럼에도 영은 참으로 존재하며 객관적으로 실재합니다. 영을 시각화하기 어려우면 바로 그만두십시오. 정신의 능력 너머에 있는 존재를 파악하려 드는 것은 기껏해야 어설픈 시도에 그치기 쉽습니다. 우리 지성의 한계로 인해 성령에 대해 생각할 때 부득불 우리에게 익숙한 물질적 형태를 덧입힌다고 해서 그리 해가 되지는 않을 것입니다.

성령에 대해 어떻게 생각해야 할까요? 성경과 기독교 신학 모두 '성령은 지·정·의 같은 인격의 모든 특질을 지니신 인격적인 존재'라고 가르칩니다. 성령은 아시고, 뜻하시고, 사랑하십니다. 애정과 거부감과 연민을 느끼십니다. 생각하시고, 보시고, 들으시고, 말씀하십니다. 인격이 할 수 있는 모든 행동을 하십니다.

성령의 한 가지 특질—성령을 구하는 모든 이에게 아주 흥미롭고도 중요한 특질—은 침투력입니다. 성령은 정신에 침투하실 수 있습니다. 인간의 영 같은 다른 영에 침투하실 수 있습니다. 온전히 침투하여 실제로 섞이실 수 있습니다. 인간의 마음에 침입하여 자신의 자리를 만드시되, 그 사람의 본질은 하나도 몰아내지 않으십니다. 성령은 그의 인격을 손상 없이 온전하게 보전하십니다. 그가 몰아내시는 것은 도덕적인 악뿐입니다.

이와 관련된 형이상학적인 문제는 우리가 풀 수 없는 것이지만, 그렇다고 피할 수도 없습니다. 대체 한 인격이 어떻게 다른 인격에 들어갈 수 있을까요? 솔직히 모른다고 하는 것이 정직한 대답일 것입니다. 그러나 수백 년 전에 살았던 경건한 옛사람들에게 간단한 유추를 빌림으로써 이해에 근접할 수는 있습니다. 우리는 쇳조각을 불에 넣고 석탄에 풀무질을 합니다. 처음에는 쇠와 불이라는 별개의 물질이 따로 존재합니다. 그런데 쇠를 불 속에 넣으면 쇠가 침투하면서 불 속에 쇠가 있고 쇠 속에 불이 있는 상태가 됩니다. 별개의 두 물질이 서로 섞이고 침투하여 하나가 되는 것입니다.

성령도 어느 정도 그런 방식으로 우리 영에 침투하십니다. 성령이 침투하시는 동안에도 우리는 원래 모습대로 보전됩니다. 우리의 본질은 파괴되지 않습니다. 이전처럼 각 사람이 독립적으로 존재합니다. 성령이 침투하여 그 인격을 채우고 계신다는 것, **경험적으로 하나님과 하나가 되었다는 것**만 다를 뿐입니다.

성령에 대해 어떻게 생각해야 할까요? 성경은 성령 또한 하나님이시라고 선언합니다. 전능하신 하나님의 모든 특질이 성령께도 막힘없이 그대로 해당됩니다. 성경은 성령이 하나님의 모든 모습을 가지고 계신다고 선언합니다. 인간의 영이 인간과 동등하게 하나인 것처럼 하나님의 영도 하나님과 동등하게 하나이십니다. 이 점은 성경이 충분히 가르치고 있기 때문에 증거 본문을 제시하는 절차를 생략해도 논거가 흔들릴 염려는 없습니다. 이것은 성경을 대충 읽어도 알 수 있는 사실입니다.

역사적으로 교회는 '믿음의 신조'를 작성할 때마다 성령이 하나님이시라는 고백을 담대히 포함시켰습니다. 사도신경은 성부와 성자와 성령을 믿는다고, 삼위 사이에 어떤 차이도 없다고 증언합니다. 니케아 신경을 작성한 교부들도 성령의 신성에 대한 믿음을 매우 아름다운 문장에 담아 증언했습니다.

주님이시요 생명을 주시는 성령, 성부와 성자에게서 나오신 분, 성부와 성자와 함께 경배받으시고 영광받으시는 분을 믿사옵니다.

4세기에 아리우스주의 논쟁이 일어나면서, 교부들은 전보다 훨씬 더 명확하게 자신들의 믿음을 진술할 필요가 생겼습니다. 그 당시에 나온 중요한 기록 중에 아타나시우스 신경이 있습니다. 누가 그 신경을 작성했는지는 지금 우리에게 중요치 않습니다. 아타나시우스 신경은 하나님의 본성에 대한 성경의 가르침을 가능한 한 적은 단어로 진술하기 위해 작성되었습니다. 그런데 그 포괄성과 정확성은 세계 어느 문학작품도 따라올 수 없을 만큼 탁월합니다. 그중에 성령의 신성을 다루는 부분을 몇 군데 인용해 보겠습니다.

성부의 위격位格이 다르고, 성자의 위격이 다르고, 성령의 위격이 다르다. 그러나 성부와 성자와 성령의 하나님되심은 동일하다. 그 영광이 같으시고 위엄도 똑같이 영원하시다. (중략) 이 삼위일체 가운데는 앞선 분도 없고 뒤선 분도 없으며, 더 큰 분도 없고 더 작은 분도 없다. 세 위격은 모두 동일하게 영원하시며 동등하시다. 전술한 바처럼 삼위로 계신 한 본체本體, 한 본체 안에 계신 삼위를 경배해야 한다.

교회는 찬송을 통해 성령의 하나님되심을 거리낌 없이 인정해 왔고, 영감받은 노래를 통해 마음껏 기쁘게 그를 경배해 왔습니다. 성령께 드리는 찬송 중에 아주 익숙한 것들이 있는데, 바로 그 익숙함 때문에 참된 의미를 놓치기 쉽습니다. 그중에 「영화로신 주 성령」이 있고,* 좀 더 최근의 것으로는 「성령의 은사를」이 있으며,** 그 밖에도 다른 찬송이 많습니다. 이런 찬송들은 그 내용을 경험적으로 알지 못하는 사람들이 너무 자주 부르는 바람에 우리 대부분에게 거의 의미 없는 것이 되어 버렸습니다.

저는 프레더릭 페이버의 시집에서 이제껏 성령께 바쳐진 찬송시 중에 가장 훌륭한 것으로 꼽을 만한 시를 발견했습니다. 제가 알기로 이 시에는 아직 곡이 붙여지지 않았습니다. 혹 곡이 붙여졌다 해도 오늘날 교회에서 불리는 것을 들어보지 못했습니다. 이 시는 성령을 인격적으로 경험하는 일을 너무나도 깊고 친밀하고 뜨겁게 표현하고 있는 데 비해, 현재 복음주의 신앙을 가진 예배자들의 마음에는 그에 상응하는 경험이 없기 때문은 아닐까요? 그중에 세 연을 인용해 보겠습니다.

> 사랑의 샘이시여! 참 하나님이시여!
> 지은 바 되지 않으시고
> 아버지와 아들로부터
> 영원토록 흘러나오는 분이시여!

* 새찬송가 186장.
** 새찬송가 194장.

두려우신 분, 스스로 존재하는 사랑이시여!
참 하나님이시여! 하나뿐인 은혜의 샘이시여!
당신의 복된 보좌 앞에
이 죄인이 엎드리나이다.

오, 빛이시여! 오, 사랑이시여! 오, 다름 아닌 하나님이시여!
당신의 놀라운 성품과
신비한 방식을
감히 더 이상 쳐다보지 못하겠나이다.

이 시행들에는 위대한 찬송을 이루는 모든 요소들―건전한 신학, 매끄러운 구조, 아름다운 서정성, 고도로 압축된 심오한 사상, 찬송을 가득 채우는 고상한 신앙의 감정―이 담겨 있습니다. 그런데 지금은 이런 요소들이 완전히 무시되고 있는 형편입니다. 성령의 능력이 다시 우리 가운데 강력하게 나타날 때, 오랫동안 잊혔던 찬송의 샘 또한 다시 열리리라 믿습니다. 찬송으로 성령을 임하시게 할 수는 없지만, 성령이 오시면 반드시 찬송을 주시기 때문입니다.

기독교의 성령 교리는 성령이 우리 가운데 계신 하나님이시라고 가르칩니다. 성령은 단순한 하나님의 전달자가 아닙니다. 그 자신이 하나님이십니다. 피조물과 교제하시며 그들 안에서 행하시는 하나님, 그들 가운데서 구원하시고 새롭게 하시는 하나님이십니다.

삼위 하나님은 결코 따로 일하지 않으십니다. 삼위 하나님에 대해 생각할 때 본체가 각각 따로 있는 것처럼 여기면 안 됩니다. 하나님의 모든 행동은 삼위가 함께 하시는 것입니다. 다른 두 위격을 배제하고 한 위격만 임재하시는 경우는 없습니다. 하나님은 자신을 나누실 수 없습니다. 성령이 계시는 곳에는 성부와 성자도 함께 계십니다. "우리가 그에게 가서 거처를 그와 함께하리라"(요 14:23). 특정 사역을 위해 한 위격이 다른 위격보다 잠시 더 전면에 나서실 수는 있지만, 그때도 혼자 일하시는 것은 아닙니다. 하나님은 언제 어디서나 함께 일하십니다.

"하나님은 어떤 분이신가?"라는 경건한 질문에 합당한 대답은 언제나 "그리스도 같으신 분"이라는 것입니다. 그리스도는 곧 하나님이시기 때문입니다. 팔레스타인 사람들 사이에 다녔던 그분은 바로 하나님이셨습니다. 그는 성육신하여 인간의 상황에 익숙히 사는 동안에도 하나님으로 행동하셨습니다. "성령은 어떤 분이신가?"라는 질문에 대한 대답도 언제나 "그리스도 같으신 분"이라는 것임이 분명합니다. 성령은 성부와 성자의 본질이시기 때문입니다. 성령은 성부, 성자와 같은 분입니다. 하늘에 계신 아버지와 그리스도께 느끼는 감정을 성부와 성자의 영이신 성령께도 느껴야 합니다.

성령은 생명과 빛과 사랑의 영이십니다. 창조되지 않은 본성을 지니신 끝없는 불의 바다, 끊임없이 흐르고 움직이고 일하면서 하나님의 영원한 목적을 이루어 가시는 불의 바다입니다. 그가 자연에 행하시는 일이 있고, 세상에 행하시는 일이 있으며, 교회에 수행하시는 일이 있습니다. 성령의 모든 행동은 삼위 하나님의 뜻에 일치합니다. 그는 결코 충동적으로 행동하거나 성급하고 독단적인 결정에 따라 움직이지 않으십니다. 그는 성부의 영이시기 때문에 성부가 백성에게 느끼시는 감정을 그대로 느끼십니다. 그러므로 그의 임재를 낯설게 느낄 이유가 전혀 없습니다. 성령은 예수처럼 언제나 죄인을 긍휼로 대하시고, 성도를 따뜻한 애정으로 대하시며, 인간의 고통을 지극히 온유한 연민과 사랑으로 대하십니다.

지금은 복되신 제3위를 너무나 자주, 많이 분노하시게 만든 우리의 허물을 회개해야 할 때입니다. 우리는 성령의 친구가 되어야 할 집에서 오히려 그를 심히 냉대했습니다. 예루살렘 언덕에서 영원하신 성자를 십자가에 못 박았듯이, 성령의 전에서 그를 못 박았습니다. 우리가 사용한 못은 쇠로 만든 것이 아니라 인간의 삶을 더 세련되고 값지게 만들어 주는 재료로 만든 것이었습니다. 우리는 의지와 감정과 사고의 정련된 금속을 우리 마음속에서 취하여 의심과 반역과 무시의 못을 만들었습니다. 성령에 대한 합당치 못한 생각과 냉정한 태도로 끝없이 그를 근심시키고 소멸시켰습니다.

하나님이 받으실 만한 가장 참된 회개는 우리가 회개하며 아뢴 바로 그 행동과 태도를 바꾸는 것입니다. 하나님은 그릇된 행동을 한없이 후회하는 것보다 행동을 바꾸고 삶을 개혁하는 것을 더 기뻐하십니다. "악인은 그의 길을, 불의한 자는 그의 생각을 버리고 여호와께로 돌아오라. 그리하면 그가 긍휼히 여기시리라. 우리 하나님께로 돌아오라. 그가 너그럽게 용서하시리라"(사 55:7).

성령을 무시한 죄를 가장 잘 회개하는 길은 더 이상 성령을 무시하지 않는 것입니다. 성령을 우리가 예배하고 순종해야 할 분으로 생각합시다. 모든 문을 활짝 열고 성령을 초청합시다. 마음의 성전에 있는 모든 방을 성령께 내어 드리고, 주님과 주인으로 오셔서 나를 거처로 삼아 달라고 강청합시다. 벌이 클로버 향기에 끌리듯, 성령은 예수의 감미로운 이름에 끌리신다는 사실을 기억합시다. 그리스도가 높임받으시는 곳에서 성령은 환대받는다고 느끼실 것이 분명합니다. 그리스도가 영광받으시는 곳에서 성령은 자유롭고 기쁘고 편하게 행하십니다.

# 6. 성령의 조명

요한이 대답하여 이르되 만일 하늘에서 주신 바 아니면
사람이 아무것도 받을 수 없느니라. — 요한복음 3:27

이 짧은 구절 안에 인류의 소망과 절망이 다 들어 있습니다. "사람이 아무것도 받을 수 없느니라." 본문의 맥락을 살펴볼 때 요한은 지금 영적인 진리에 대해 말하고 있음을 알게 됩니다. 그는 인간의 지성으로 절대 파악할 수 없는 진리가 있다고 말합니다. 지성은 관념을 이해하기 위해 존재하는 기관인데, 이 진리는 관념이 아닌 삶에 있기 때문입니다. 신성한 진리는 영적인 본질을 가지고 있으며, 따라서 영적인 계시를 통해서만 받을 수 있습니다. "만일 하늘에서 주신 바 아니면."

요한이 여기서 제시하는 교리는 새로운 것이 아니라 이미 주어졌던 것, 구약성경이 가르쳤던 것입니다. 예컨대 이사야 선지자는 이렇게 말합니다.

이는 내 생각이 너희의 생각과 다르며 내 길은 너희의 길과 다름이니라. 여호와의 말씀이니라. 이는 하늘이 땅보다 높음같이 내 길은 너희의 길보다 높으며 내 생각은 너희의 생각보다 높음이니라(사 55:8-9).

아마 이 구절을 읽는 이들은 하나님의 생각은 우리의 생각과 비슷하되 더 고상할 뿐이라고, 하나님의 길은 무한한 지혜와 무궁한 능력을 가지신 그분께 걸맞은 만큼만 우리 길보다 높을 뿐이라고 이해할 것입니다. 그런데 요한이 여기서 아주 분명하게 밝히는 바는, 하나님의 생각은 양적으로 우리의 생각보다 클 뿐 아니라 질적으로도 우리의 생각과 완전히 다르다는 것입니다. 하나님의 생각은 영의 세계에 속한 것이지만, 인간의 생각은 지성의 세계에 속한 것입니다. 영은 지성을 포괄할 수 있지만 인간의 지성은 결코 영을 포괄할 수 없습니다. 인간의 생각은 하나님의 생각으로 건너갈 수 없습니다. "그의 판단은 헤아리지 못할 것이며 그의 길은 찾지 못할 것이로다"(롬 11:33).

하나님은 자기 형상대로 인간을 만드시고 그 안에 한 기관을 두어 영적인 것들을 알 수 있게 하셨습니다. 그런데 인간이 죄를 지으면서 그 기관이 죽어 버렸습니다. '죄로 죽었다'는 것은 몸이나 지성이 죽었다는 말이 아니라 하나님을 알 수 있는 인간 영혼 속의 기관이 죽었다는 말입니다. 이제 인간은 그보다 못한 다른 기관, 목적에 전혀 부합하지 않는 기관에 의존할 수밖에 없게 되었습니다. 물론 그 기관은 인간의 이성과 이해력이 자리 잡고 있는 정신입니다.

인간의 이성으로는 하나님을 알 수 없습니다. 하나님에 대해 알 수 있을 뿐입니다. 우리는 이성의 빛을 통해 하나님에 대한 중요한 사실들을 발견할 수 있습니다.

> 이는 하나님을 알 만한 것이 그들 속에 보임이라. 하나님께서 이를 그들에게 보이셨느니라. 창세로부터 그의 보이지 아니하는 것들 곧 그의 영원하신 능력과 신성이 그가 만드신 만물에 분명히 보여 알려졌나니 그러므로 그들이 핑계하지 못할지니라(롬 1:19-20).

이처럼 자연의 빛은 인간의 도덕적 이성을 밝혀 줄 수 있지만, 더 깊은 하나님의 신비는 위에서 조명해 주셔야 볼 수 있습니다.

> 육에 속한 사람은 하나님의 성령의 일들을 받지 아니하나니 이는 그것들이 그에게는 어리석게 보임이요 또 그는 그것들을 알 수도 없나니 그러한 일은 영적으로 분별되기 때문이라(고전 2:14).

성령이 마음을 조명하실 때, 인간의 한 부분은 전에 보지 못했던 것을 보게 되며 전에 알지 못했던 것을 알게 됩니다. 그 앎은 아무리 예리한 사상가도 흉내 낼 수 없는 것입니다. 그 사람은 깊이 있고 권위 있게 알게 됩니다. 정연한 증거가 굳이 필요치 않습니다. 이러한 앎의 경험은 이성을 넘어선 직접적인 것으로서 온전한 확신과 내적인 만족이 뒤따라옵니다.

"사람이 아무것도 받을 수 없느니라." 이것이 성경의 요지입니다. 인간이 자기 이성을 어떻게 생각하든 하나님은 하찮게 여기십니다. "지혜 있는 자가 어디 있느냐. 선비가 어디 있느냐. 이 세대에 변론가가 어디 있느냐. 하나님께서 이 세상의 지혜를 미련하게 하신 것이 아니냐"(고전 1:20). 인간의 이성은 훌륭한 도구이자 그 영역 안에서는 유용한 도구입니다. 이성은 하나님의 선물입니다. 하나님은 이스라엘에게 "오라, 우리가 서로 변론하자"고 하시면서 이성에 호소하길 주저치 않으셨습니다(사 1:18). 인간의 이성이 신성한 지식을 아는 데 무능한 것은 그 자체가 연약하기 때문이 아니라 본질적으로 이 일에 적합지 못하기 때문입니다. 이성은 하나님을 아는 기관으로 주어지지 않았습니다.

신약성경이 인간 정신의 무능함과 신적인 조명의 필요성에 대한 교리를 얼마나 충분히 설명하는지 생각할 때, 우리가 그 모든 가르침에서 이토록 멀리 떨어져 나온 것에 놀라지 않을 수가 없습니다. 근본주의는 스스로 우월하다는 자의식으로 자유주의와 거리를 두었지만, 성령 없는 정통신앙에 불과한 본문주의textualism의 오류에 빠졌습니다. 보수주의자들이 있는 곳이라면 어디서나 성경의 가르침은 받으나 성령의 가르침은 받지 않는 자들을 찾아볼 수 있습니다.

그들은 정신으로 진리를 파악할 수 있다고 생각합니다. 기독신앙의 근본 원칙들만 고수하면 신성한 진리를 알고 있는 자로 간주합니다. 그러나 꼭 그런 것은 아닙니다. 성령이 없으면 진리도 없습니다. 최고로 명석한 지성인이라도 하나님의 신비 앞에서는 천치가 될 수 있습니다. 하나님이 계시하신 진리를 이해하려면 성경을 쓰도록 감동하신 처음 행동과 똑같은 하나님의 행동이 필요합니다.

"만일 하늘에서 주신 바 아니면." 여기에는 진리의 또 다른 측면이 담겨 있습니다. 이것은 모든 사람에게 소망이 되는 말입니다. 이 말이 분명히 의미하는 바는 하늘에서 주시는 앎의 은사가 있다는 것입니다. 그리스도는 제자들에게 진리의 성령이 오셔서 모든 것을 가르쳐 주실 것을 기대하라고 가르치셨습니다. 그리스도가 구주이심을 베드로가 깨달은 것도 하늘에 계신 아버지가 직접 계시해 주셨기 때문이라고 하셨습니다. 또 기도하시면서 이렇게 말씀하셨습니다.

> 천지의 주재이신 아버지여, 이것을 지혜롭고 슬기 있는 자들에게는 숨기시고 어린아이들에게는 나타내심을 감사하나이다(마 11:25).

여기에서 "지혜롭고 슬기 있는 자들"은 그리스 철학자들을 가리키는 말이 아니라 유대의 성경 연구자들과 율법 교사들을 가리키는 말입니다.

바울 서신은 '하나님을 아는 지식의 도구로서 인간 이성의 무능함'이라는 근본 개념을 충분히 설명해 줍니다. 사도는 신적인 진리를 발견하는 도구로서 육신의 모든 기능을 노골적으로 배제하고, 오직 무력한 상태로 성령의 내적인 역사를 의지하게 합니다.

> 하나님이 자기를 사랑하는 자들을 위하여 예비하신 모든 것은 눈으로 보지 못하고 귀로 듣지 못하고 사람의 마음으로 생각하지도 못하였다 함과 같으니라. 오직 하나님이 성령으로 이것을 우리에게 보이셨으니 성령은 모든 것 곧 하나님의 깊은 것까지도 통달하시느니라. 사람의 일을 사람의 속에 있는 영 외에 누가 알리요. 이와 같이 하나님의 일도 하나님의 영 외에는 아무도 알지 못하느니라. 우리가 세상의 영을 받지 아니하고 오직 하나님으로부터 온 영을 받았으니 이는 우리로 하여금 하나님께서 우리에게 은혜로 주신 것들을 알게 하려 하심이라(고전 2:9-12).

이것은 바울이 쓴 고린도전서에서 인용한 구절로서, 본문에서 일부러 추려 내거나 짜 맞추어 의미를 왜곡한 것이 아닙니다. 실제로 영에 대한 바울 신학의 정수가 표현된 부분으로 고린도전서의 나머지 내용과 온전히 일치하며, 더 나아가 신약성경 안에 있는 바울의 나머지 글들과도 온전히 일치합니다. 이 위대한 사도의 정신에서 볼 때, 오늘날 큰 인기를 누리고 있는 신학적 합리주의는 완전히 생소한 것입니다. 사도는 성령의 직접적인 조명 없이 진리를 이해할 수 있는 능력이 인간에게 있다고 믿지 않았습니다.

　방금 제가 합리주의$^{rationalism}$라는 말을 썼는데, 다시 철회할 생각이 아니라면 정통신앙과 관련하여 왜 이 말을 쓰는 것이 정당한지 설명해야 할 것입니다. 저는 그것이 어렵지 않다고 생각합니다. 현대의 본문주의는 옛 합리주의 노선과 같은 전제, 즉 진리를 판단하는 최고의 권위가 인간의 정신에 있다는 믿음에 토대를 두고 있기 때문입니다. 다시 말해서 **인간의 정신은 하나님을 알도록 창조되지 않았으며, 따라서 하나님을 아는 데 전적으로 무능하다**고 성경이 선언함에도 불구하고 그 능력을 믿고 있기 때문입니다. 철학적 합리주의는 성경을 단호히 거부하는 솔직함을 보입니다. 그런데 신학적 합리주의는 성경을 받아들이는 척하면서 거부하며 핵심을 빼 버립니다.

　진리의 속 알맹이는 겉껍질과 똑같은 구성으로 되어 있습니다. 껍질은 정신으로 파악할 수 있지만, 속의 핵심을 파악할 수 있는 분은 하나님의 영뿐입니다. 우리의 큰 잘못은 겉껍질을 의지하면서 '말씀의 문자에 나타난 진리의 겉모양을 설명할 수 있으니 내 신앙은 건전하다'고 믿는 것입니다.

　이 치명적인 잘못 때문에 근본주의는 서서히 죽어가고 있습니다. 성령의 기적적인 역사가 먼저 마음속에 일어나지 않은 상태에서 진리의 겉껍질만 아는 사람은 영적 진리의 핵심을 알 수 없다는 사실을 우리는 잊고 있습니다. 성령이 진리를 조명하실 때 따라오는 경건한 기쁨의 배음$^{倍音}$을 오늘날 교회에서는 거의 들을 수 없습니다다. 마치 천상의 나라로 옮겨간 듯 살짝 그 나라를 들여다보는 눈도 거의 사라졌거나 흐릿해졌습니다. "이슬 맺힌 샤론의 장미꽃" 향기도 맡기 힘들어졌습니다. 결국 다른 데서 기쁨을 찾을 수밖에 없게 되었고, 회심한 오페라 가수의 미심쩍은 예술적 기교나 그저 그런 음악 행사에서 울려 나오는 가락에서 기쁨을 찾게 되었습니다. 완전히 육체적인 수단으로 인위적인 느낌을 자극하고 육신의 감정을 만들어 냄으로써 영적인 즐거움을 확보하려 들게 되었습니다. 그리고 그 총체적인 결과는 악한 것이었습니다.

존 스미스는 「신성한 지식을 얻는 참된 길」The True Way of Attaining Divine Knowledge이라는 뛰어난 설교에서 제가 지금 제시하려는 이 진리를 이야기했습니다.

제가 정말 '신성'이 무엇인지 정의 내릴 수 있다면, 신성한 과학이라고 하기보다는 신성한 생명이라고 하겠습니다. 신성은 말로 된 묘사가 아닌 영적인 감각으로 이해됩니다.……신성은 실로 영원하신 빛에서 참되게 흘러나오는 것으로서 태양 광선처럼 빛을 낼 뿐 아니라 열을 내며 생기를 줍니다.……진리를 감싸고 있는 단어와 문장의 겉껍질을 깨고 들어갔다고 해서 진리를 제대로 안 것처럼 착각하면 안 됩니다.……예수 안에 있는 진리, 그리스도를 닮은 본성 안에 있는 진리, 예수의 감미롭고 부드럽고 겸손한 사랑의 영 안에 있는 진리, 아침 햇살처럼 선한 자들의 영혼 위에 퍼져 나가는 진리, 생명과 빛으로 가득 찬 진리를 알아야 합니다. 육체를 따라 그리스도를 아는 일에는 거의 유익이 없습니다. 그리스도는 하나님의 깊은 것을 찾는 선한 자들에게 성령을 주십니다. 신성한 진리에는 내적인 아름다움과 생명과 사랑스러움이 있습니다. 이 진리는 오직 삶과 실천으로 소화할 때만 알 수 있습니다.

이 신성한 옛사람은 순결한 삶이 영적인 진리를 진정으로 이해하는데 절대적으로 필요하다고 주장했습니다.

신성한 진리에는 내면의 감미로운 향기와 맛이 있는데, 정신의 감각으로는 그것을 맛보거나 즐길 수 없습니다. '육에 속한 자'는 하나님의 것을 음미하지 못합니다.……신성은 예리한 기지가 아닌 순결한 감각으로 인식하는 것입니다.

존 스미스가 이 말을 하기 1,200년 전에 아타나시우스는 『성육신하신 하나님의 말씀』*The Incarnation of the Word of God*이라는 심오한 논문을 썼습니다. 그는 이 논문에서 성육신 교리에 내재된 난제들을 대담하게 공격했습니다. 논문 전체가 신성한 계시에 대한 순수한 이성의 비범한 입증이라 할 만합니다. 아타나시우스는 그리스도의 신성을 옹호하는 중대한 주장을 했고, 성경을 믿는 모든 자를 위해 영원히 그 문제를 해결했습니다. 그러면서도 신적인 신비를 이해하는 데 있어 인간의 정신을 거의 믿지 않았기에, 영적인 진리를 단순히 지적으로 이해하려 들지 말 것을 강력하게 경고하는 말로 자신의 위대한 논문을 마무리 지었습니다. 그의 말을 큰 글자로 인쇄하여 세상의 모든 목사와 신학생들의 책상에 붙여 놓아야 할 것입니다.

> 성경을 연구하여 참된 지식을 얻으려면 고귀한 삶과 순결한 영혼, 그리스도께 합당한 미덕이 필요하다. 그래야 그 길을 가는 지성이 하나님의 말씀을 배울 때 인간 본성이 접근 가능한 한도 내에서 원하는 바를 얻을 수 있고 이해할 수 있다. 순결한 정신과 성도들을 본받는 삶이 없으면 그들의 말을 이해할 수 없다.……하나님에 대해 말하는 자들의 정신을 이해하려면 자기 영혼을 먼저 깨끗이 씻어야 한다.

지혜서와 집회서 같은 솔로몬의 책들(현대 개신교도들에게 거의 알려지지 않은 책들)을 우리에게 전해 준 기독교 이전의 옛 유대 신자들은 순결치 못한 마음으로는 신성한 진리를 알 수 없다고 믿었습니다.

> 지혜는 간악한 마음속에 들지 않으며 죄로 물든 몸 안에 머무르지 않는다. 우리를 가르쳐 주시는 성령은 거짓을 물리치고 지각없는 생각을 멀리하시며 악을 일삼는 자로부터 떠나신다(지혜서 1:4-5).

우리가 익히 아는 잠언과 더불어 이 책들이 가르치는 바는 하늘의 지혜가 우리를 방문해야, 하나님을 경외하는 자들에게 베푸시는 성령의 세례를 받아야 참된 영적 지식이 생긴다는 것입니다. 이 지혜는 항상 의와 결부되며 겸손과 결부됩니다. 참으로 거룩한 삶과 경건함이 없으면 이 지혜를 발견할 수 없습니다.

오늘날 보수적인 그리스도인들은 이 진리에 걸려 넘어지고 있습니다. 모든 것을 다시 점검해 보아야 합니다. 진리는 정확한 교리에 있는 것이 아니라, **정확한 교리에 성령의 내적인 조명이 더해지는 데 있다**는 사실을 배워야 합니다. 위에서 오는 진리의 신비를 다시 선포해야 합니다. 이 긴요한 진리를 다시 전할 때 퀴퀴하고 숨 막히는 정통신앙에 하나님의 신선한 숨결이 불어올 것입니다.

7.　　　　　　　　　　　　능력이신 성령

오직 성령이 너희에게 임하시면 너희가 권능을 받고. ─ 사도행전 1:8

훌륭한 그리스도인들조차 이 본문을 오독하여 마치 그리스도가 제자들에게 성령과 권능을 따로 받으라고 가르치신 것처럼, 즉 성령이 오신 다음에 권능을 받으라고 가르치신 것처럼 생각해 왔습니다. 흠정역으로 된 본문을 피상적으로 읽으면 그런 결론에 이를 수 있습니다. 그러나 실제로 그리스도가 가르치신 바는 권능이신 성령이 오신다는 것입니다. 권능과 성령은 같은 말입니다.

    우리의 모국어인 영어는 아름답고 편리한 도구이면서도 자칫 우리를 오도하기 쉬운 까다로운 도구이기도 합니다. 그러므로 그 의미를 잘못 전달하거나 이해하지 않도록 조심해서 사용해야 합니다. 하나님에 대해 이야기할 때는 특히 더 그렇습니다. 하나님은 우주의 어떤 사물이나 사람과도 완전히 다른 존재이시기 때문에 하나님에 대해 우리가 사용하는 단어뿐 아니라 생각 자체가 잘못될 위험성이 늘 있습니다. 그 한 가지 예가 바로 '하나님의 능력'입니다. 근육의 힘이 인간에게 속한 특징인 것처럼 능력도 하나님께 속한 특징이요 하나님이 가지신 특징이라고, 하나님과 분리되어 독자적으로 존재하는 특징이라고 생각할 위험성이 있습니다. 그러나 하나님의 '속성'은 복되신 신성을 구성하는 요소가 아니며 하나님을 조성하는 성분이 아니라는 점을 기억해야 합니다. 조성 가능한 신은 하나님이라고 할 수 없습니다. 그보다 더 큰 무언가나 누군가, 그를 조성할 수 있을 만큼 큰 무언가나 누군가의 작품에 불과할 뿐이며, 우리가 속성이라고 부르는 부품들로 합성해 낸 인공적인 신에 불과할 뿐입니다. 참 하나님은 완전히 다른 분, 우리의 모든 생각과 상상을 실제로 뛰어넘는 분입니다.

성경과 기독교 신학은 '하나님은 불가분의 통일체, 나눌 수 없는 하나의 존재, 아무것도 더하거나 뺄 수 없는 존재'라고 가르칩니다. 예컨대 자비나 불변성이나 영원성은 하나님이 친히 선포하신 그분의 모습에 우리가 갖다 붙인 명칭에 불과합니다. 성경에 "하나님의"$^{of\,God}$라는 표현이 나올 때, '하나님이 가지고 계신다'는 의미가 아니라 '나누어지지 않고 나눌 수도 없는 통일체로서 하나님은 이런 분이시다'라는 의미로 이해해야 합니다. '본성'이라는 말을 하나님께 쓸 때도 사물을 바라보는 인간의 방식에 따른 표현으로 이해해야지, 신비한 신성을 정확하게 묘사한 말로 이해하면 안 됩니다. 하나님은 "나는 스스로 있는 자"라고 하셨습니다(출 3:14). 우리는 다만 경외감을 가지고 "오, 하나님, 그렇습니다"라고 응답할 뿐입니다.

주님은 승천하시기 전 제자들에게 "너희는 위로부터 능력으로 입혀질 때까지 이 성에 머물라"고 하셨습니다(눅 24:49). 여기에서 "때까지"는 시간에 대한 말로서, 이전과 이후로 나뉘는 시점을 가리킵니다. 따라서 제자들의 경험은 다음과 같이 설명될 수 있습니다. 이전까지 제자들은 능력을 받지 못했습니다. 이때 비로소 능력을 받았고, 이후 능력을 받은 상태로 살았습니다. 이것은 명백한 역사적 사실입니다. 능력이 교회에 임했습니다. 전에는 그런 능력이 인간의 본성 안에 들어온 적이 없었습니다(요단 강에서 그리스도께 강력한 기름부음이 임한 것은 유일한 예외적 사건입니다). 지금도 교회 안에서 역사하는 그 능력으로 인해 교회는 인간 나라들 틈에서 지극히 인기 없는 소수 집단으로 내내 지내야 했던 상황에서도, 가능하다면 기꺼이 교회를 끝장내고 싶어 하는 원수들에게 늘 둘러싸여 있던 상황에서도 2천 년 가까이 존속할 수 있었습니다.

"너희가 권능을 받을 것이요." 주님은 이 말씀으로 제자들에게 기대를 심어 주셨고, 초자연적인 힘이 외부의 원천으로부터 그들의 본성 안에 들어올 것을 고대하도록 가르치셨습니다. 그리고 전에 없던 힘이 다른 세계로부터 홀연히 그들에게 임했습니다. 그것은 자신의 형상을 다시 그들 안에 이루시려는 궁극적인 목적을 위해 하나님이 친히 들어오신 사건이었습니다.

바로 이것이 모든 신비주의 및 동양의 온갖 사교들과 기독교를 갈라 놓는 경계선입니다. 다른 종교들은 근소한 차이만 있을 뿐 전부 동일한 사상을 중심으로 형성되어 있습니다. 각자 자신들의 문구를 동원하여 누가 더 애매하고 모호한지 경쟁하는 것 같습니다. 저마다 "무한자와 조화를 이루라", "네 안의 거인을 깨우라", "너의 숨은 잠재력에 주파수를 맞추라", "창조적인 사고를 배우라"고 충고합니다. 그 모든 것은 심리적인 활력소로 일시적인 가치는 있을지 몰라도 영구적인 효과는 내지 못합니다. 기껏해야 인간의 타락한 성품에 희망을 걸 뿐, 위에서 침투해 오는 힘에 대해서는 아무것도 알지 못합니다. 아무리 좋게 봐주어도 그것은 기독교가 아닌 것이 분명합니다.

기독교는 스스로 돕지 못하는 인간의 현실을 당연시하며 하나님 자신의 능력과 다름없는 능력을 제공합니다. 다른 세계에서 오는 이 능력은 부드럽지만 저항할 수 없는 방식으로 무력한 인간에게 침투하여 그 속에서 불러일으킬 수 있는 어떤 힘보다 무한히 더 큰 도덕적 힘을 줍니다. 이 능력으로 충분합니다. 추가적인 도움도 필요 없고, 영적 에너지를 보강할 보조적인 원천도 필요 없습니다. 다름 아닌 하나님의 영이 연약한 자가 누워 있는 자리에 찾아와 능력과 은혜를 공급하심으로 도덕적인 필요를 채워 주십니다.

이렇게 강력한 공급과 대비되는 윤리적 기독교는(이런 용어를 써도 된다면) 전혀 기독교라고 할 수 없습니다. 그리스도의 '이상'을 유치하게 모방하려는 시도 내지는 산상 설교의 가르침을 이행해 보려는 안쓰러운 노력에 불과할 뿐입니다! 종교적인 어린애 장난일 뿐,

그리스도와 신약성경이 가르치는 신앙이 아닙니다.

"너희가 권능을 받을 것이요." 이 능력은 과거나 지금이나 유일무이하게 성령이 감동하시는 힘이요, 신자의 삶 모든 영역에 영향을 끼치는 초자연적인 에너지요, 신자와 영원히 함께하는 에너지입니다. 정신과 신체 모두에 온화하게 작용하지만 신체적인 능력은 아니며 정신적인 능력은 더더욱 아닙니다. 밀물과 썰물을 만드는 달의 인력이나 폭풍우 속에서 거대한 참나무를 쪼개는 성난 번개처럼 자연에 나타나는 능력과도 그 종류가 다릅니다. 하나님이 주시는 이 능력은 자연과 또 다른 차원에서 작동하며, 광대한 피조세계의 또 다른 부분에 영향을 끼칩니다. 이것은 영적인 능력입니다. 하나님 자신과 같은 능력입니다. 도덕적이고 영적인 목적을 이루는 힘입니다. 타고난 본성으로나 자신의 선택으로나 전적으로 악했던 사람들 안에 하나님을 닮은 성품을 만들어 내는 장기적인 결과를 낳는 힘입니다.

그렇다면 이 능력은 어떻게 작용할까요? 가장 순전한 작용은 하나님의 영이 인간의 영에 아무 매개체 없이 직접 다가오시는 것입니다. 레슬링 선수는 자기 몸으로 상대방의 몸을 압박함으로써 목적을 달성하고, 교사는 사상으로 학생들의 정신을 압박함으로써 목적을 달성하며, 도덕가는 제자들의 양심에 의무감을 부여함으로써 목적을 달성합니다. 이처럼 성령도 인간의 영과 직접 접촉하심으로써 복된 사역을 수행하십니다.

그렇다고 '하나님의 능력이 항상 매개체 없이 직접 작용한다'는 것은 정확한 말이 아닙니다. 그리스도가 소경의 눈을 고치시는 데 침을 사용하신 것처럼, 하나님이 뜻하시면 다른 수단을 사용하실 수 있습니다. 그러나 능력이 항상 수단 위에 있습니다. 성령이 신자를 축복하기에 적절한 수단을 사용하실 수도 있지만, 그렇다고 반드시 수단이 필요한 것은 아닙니다. 우리의 무지와 불신앙 때문에 일시적으로 양보해서 사용하시는 것일 뿐입니다. 능력이 충분하면 어떤 수단을 써도 상관없습니다. 그러나 능력이 없으면 세상 어떤 수단을 동원해도 원하는 목적을 이룰 수 없습니다. 노래나 설교나 선행이나 성경 본문이나 자연의 신비나 위엄이 다 사용될 수 있지만, 최종적인 역사는 항상 살아 계신 성령이 인간의 마음을 직접 압박하심으로 이루어집니다.

이 사실에 비추어 보면 오늘날 평균적인 교회 예배가 얼마나 공허하고 무의미한지 알게 됩니다. 수단은 분명히 다 갖추고 있습니다. 그런데 한 가지 불길한 약점은 성령의 능력이 없다는 것입니다. 경건의 모양은 갖추고 있습니다. 미적인 승리라고 해도 될 만큼 그 모양이 완벽한 경우도 많습니다. 음악과 시, 예술과 웅변, 상징적 복식과 엄숙한 분위기 등이 결합되어 예배자의 마음을 사로잡습니다. 그러나 초자연적인 감동은 없을 때가 너무나 많습니다. 목회자나 교인이나 위에서 주시는 능력을 알지도 못하며 바라지도 않습니다. 이것은 그야말로 비극으로서, 더 큰 비극은 인간의 영원한 운명이 결정되는 신앙의 영역에서 이런 일이 일어난다는 것입니다.

바로 이러한 성령의 부재에서 이 시대 거의 모든 곳의 신앙에 모호한 비실재성이 나타나는 이유를 찾아볼 수 있습니다. 평범한 교회 예배의 가장 실제적인 특징은 모든 것이 어슴푸레하고 비실재적이라는 것입니다. 예배자는 생각을 유보한 채 앉아 있습니다. 꿈결처럼 일종의 마비상태에 조금씩 빠져듭니다. 말소리를 듣기는 하지만 제대로 알아듣는 것은 아닙니다. 자기 삶의 어떤 부분과도 결부시키지 못합니다. 그는 일종의 반쪽짜리 세상에 들어온 것을 압니다. 정신적으로 어느 정도 즐거운 분위기에 젖어들지만, 그 즐거움은 축도와 함께 흔적도 없이 사라져 버립니다. 일상의 삶에 아무런 영향도 끼치지 못합니다. 그는 능력이나 임재나 영적인 실재에 대해 아는 바가 없습니다. 강단에서 들은 내용이나 찬송가의 내용에 상응하는 어떤 경험도 하지 못합니다.

'능력'이라는 말에 담긴 한 가지 의미는 '할 수 있는 힘'입니다. 교회와 그리스도인의 마음에는 경이로운 성령의 역사가 분명히 있습니다. 영적인 것을 영혼의 현실로 만들어 주는 힘이 확실히 있습니다. 이 능력은 대상을 직접 관통합니다. 비할 데 없이 질 좋은 휘발성 에센스처럼 지성의 한계를 초월하여 정신에 퍼져 나갑니다. 이 능력이 다루는 주제는 실재입니다. 하늘과 땅의 실재입니다. 이 능력은 없는 것을 창조해 내지 않습니다. 이미 존재하지만 감추어져 있어 영혼이 알지 못하는 것을 계시해 줍니다. 실제 경험의 영역에서는 그리스도의 임재를 강하게 느낄 때 처음 그 능력을 감지하기 쉽습니다. 그리스도가 실재하시는 분으로 느껴지고 친밀하게 느껴집니다. 황홀하리만큼 가까이 느껴집니다. 다른 영적인 것들도 선명히 눈앞에 보이기 시작합니다. 은혜, 용서, 정결케 하시는 일이 거의 몸을 입은 것처럼 선명한 형태를 띱니다. 무의미하던 기도가 실제로 앞에 계신 분과 나누는 감미로운 대화가 됩니다. 하나님과 하나님의 자녀들을 향한 사랑이 영혼을 사로잡습니다. 천국이 가까이 느껴지며, 이 땅과 세상이 오히려 비실재적인 것으로 보이기 시작합니다. 세상의 실상을 깨닫습니다. 실재하기는 하지만 잠시 있다가 사라질 무대 배경 같은 것임을 깨닫습니다. 장차 올 세상의 선명한 윤곽이 눈앞에 보이면서 관심과 헌신의 마음이 생기기 시작합니다. 삶 전체가 그 새로운 실재에 맞추어 변화됩니다. 영구히 변화됩니다. 그래프 선상에 약간의 기복은 있어도 그 방향은 항상 위쪽을 향하며, 그 기반은 전혀 흔들리지 않습니다.

물론 이것이 전부는 아니지만, 신약성경이 말하는 능력의 의미가 무엇인지는 잘 알 수 있을 것입니다. 또한 이와 비교해 볼 때 우리가 성령의 능력을 거의 누리지 못하고 있다는 사실 또한 알 수 있을 것입니다.

**지금 하나님의 교회에 무엇보다 필요한 것은 성령의 능력**임이 분명하다고 저는 생각합니다. 성령의 능력 없이는 더 많은 교육도, 더 나은 조직도, 더 훌륭한 장비도, 더 발전된 방법도 쓸모가 없습니다. 마치 환자가 죽은 후에 더 좋은 인공호흡기를 갖다 대는 것과 같습니다. 그 자체로서는 훌륭한 수단들이지만 생명을 줄 수 없습니다. "살리는 것은 영이니"(요 6:63). 또한 그 자체로서는 훌륭한 수단들이지만 능력을 줄 수 없습니다. "권능은 하나님께 속하였다"(시 62:11). 개신교가 '연합전선'을 폄으로써 승리하려 든다면 잘못 생각한 것입니다. 우리에게 가장 필요한 것은 조직의 연합이 아닙니다. 능력입니다. 묘지의 비석들은 일종의 연합전선을 펴고 있지만, 아무 말도 없고 힘도 없이 그저 세상이 지나가는 것을 지켜볼 뿐입니다.

저의 제안이 그다지 진지한 관심을 끌지 못할 줄은 압니다만, 그럼에도 성경을 믿는 우리 그리스도인들은 종교 활동을 중지할 것을 선언하고 위에서 주시는 감동을 준비하기 위해 집안을 정돈하자고 제안하고 싶습니다. 교회 가운데 보수파를 이루고 있는 그리스도인들의 몸이 워낙 육신적인 데다가 어떤 영역에서 공적 예배가 충격적일 만큼 불경하며 다른 영역에서도 신앙적인 감식력이 너무나 저하되어 있기에, 지금보다 더 능력이 필요했던 시대를 역사상 찾아보기가 힘들 정도입니다. 우리가 침묵과 자기 점검의 기간을 선포하고 각자 자기 마음을 살피며 위에서 주시는 진정한 능력의 세례를 받기 위한 조건을 채우고자 애쓴다면 어마어마한 유익이 있으리라 믿습니다.

한 가지 확실히 할 점이 있습니다. 우리의 심각한 문제를 치료하려면 위로부터 능력이 찾아와야 합니다. 그렇습니다. 능력이 침투해야 합니다. 오직 성령만 우리의 잘못된 부분을 보여주실 수 있으며, 치료법을 처방해 주실 수 있습니다. 오직 성령만 성령 없는 기독교의 마비된 비실재성에서 우리를 구해 주실 수 있습니다. 오직 성령만 성부와 성자를 우리에게 보여주실 수 있습니다. 오직 성령의 능력이 우리 안에 역사해야 삼위일체 하나님의 엄숙한 위엄과 마음을 황홀케 하는 신비를 발견할 수 있습니다.

8.　　　　　　　　　　　　　　불이신 성령

> 불의 혀처럼 갈라지는 것들이 그들에게 보여
> 각 사람 위에 하나씩 임하여 있더니. ─ 사도행전 2:3

기독교 신학은 하나님이 본질상 불가해한 분이요 형언할 수 없는 분이라고 가르칩니다. 이 간단한 정의에는 우리가 하나님을 조사하거나 이해할 수 없으며, 하나님도 자신이 어떤 분인지 알리시거나 이야기하실 수 없다는 의미가 담겨 있습니다. 이 일이 불가능한 것은 하나님이 아닌 우리 피조물의 한계 때문입니다. "어찌하여 내 이름을 묻느냐. 내 이름은 기묘자라"(삿 13:18). '알다'라는 말의 궁극적인 의미에서 하나님을 아는 이는 오직 하나님 자신뿐이십니다. "하나님의 일도 하나님의 영 외에는 아무도 알지 못하느니라"(고전 2:11).

오늘날 평범한 그리스도인이 듣기에 이것은 완전히 혼란스러울 정도까지는 아니어도 이상한 말일 것입니다. 이 시대 신앙적 사고의 기조는 신학적이지 못한 것이 확실합니다. 교회들만 의존하다가는 평생 하나님의 감미로운 신비에 대한 도전을 한 번도 받지 못한 채

살다가 죽을 수도 있습니다. 그들은 그림자놀이를 하며 이런저런 것들에 '적응'하느라 분주한 나머지 정작 하나님을 생각하는 일에는 많은 시간을 쓰지 않습니다. 그러므로 이번에는 하나님의 불가해성에 대해 좀 더 오래 살펴보는 것이 좋겠습니다.

하나님은 본질적으로 유일무이한 분, 이 단어가 담고 있는 단 하나의 의미에서 유일무이한 분입니다. 즉, 하나님은 우리가 경험한 그 어떤 것과도 '완전히 다른' 분이기에 우리 머리로 상상할 수 있는 부분이 하나도 없습니다. 그런 상상을 시작할 수 있는 재료 자체가 우리 머릿속에 없습니다. 어떤 식으로든 하나님에 대한 묘사가 가능할 정도의 생각 자체를 해본 사람이 아무도 없습니다. 지극히 모호하고 불완전한 느낌만 가지고 있을 뿐입니다. 설사 하나님을 안다 해도 피조물의 이성으로 알 수 있는 수준을 벗어나지 못합니다.

3세기 중엽, 노바티아누스$^{Novatianus}$는 삼위일체에 대한 유명한 논문에서 다음과 같이 말했습니다.

하나님의 속성과 본질을 묵상하여 적합한 개념을 찾아내는 것은 우리 능력 밖의 일이며, 그의 크심을 제대로 전하는 것 또한 인간의 웅변으로 감당할 수 없는 일이다. 그의 위엄을 상고하고 이야기할 때 모든 웅변은 당연히 침묵에 빠지며, 모든 인간의 노력 또한 힘을 잃는다. 하나님은 인간의 정신보다 크시기 때문이다. 하나님의 크심은 상상이 불가능하다. 아니, 상상할 수 있다면 오히려 그런 개념을 가진 인간의 정신보다 작은 분이 될 것이다. 그는 모든 언어보다 크신 분으로, 어떤 진술로도 그를 표현할 수 없다. 실제로 그를 표현할 진술이 있다면, 인간의 말로 하나님을 전부 이해하고 요약할 수 있다는 뜻이 되기에 인간의 말보다 작은 분이 될 것이다. 물론 어느 정도까지는 언어 없이 하나님을 경험할 수 있지만, 말로 하나님 자신을 전부 표현할 수 있는 사람은 아무도 없다. 이를테면 하나님은 빛이라고 말할 때도 창조의 일부를 설명한 것일 뿐, 하나님 자신을 설명한 것이 아니며 하나님이 어떤 분이신지 표현한 것이 아니다. 또는 하나님은 능력이라고 말했다 하자. 이 또한 하나님의 힘이라는 속성을 말로 제시한 것이지 하나님 자신을 표현한 것이 아니다. 또는 하나님은 위엄이라고 말했다 하자. 이 역시 하나님의 존귀하심을 선포한 것이지 하나님 자신을 표현한 것이 아니다.……이 주제를 한 문장으로 요약하면, 모든 진술은 하나님께 속한 특징이나 미덕을 표현할 뿐 하나님 자신은 표현하지 못한다고 할 수 있다. 모든 언어와 사상을 초월해 계시는 분께 어떤 말이나 사상이 합당하겠는가? 참 하나님에 대한 개념을 파악할 수 있는 방법은 오직 한 가지뿐인데, 그조차 우리의 파악과 이해를 뛰어넘는 불가능한 방법이다. 하나님은 우리의 이해력뿐 아니라 생각까지 뛰어넘는 속성을 지니신 크신 분임을 알아야 한다.

하나님은 자신이 어떤 분인지<sup>what he is</sup> 알려 주실 수 없다는 바로 그 이유 때문에, 많은 경우 자신이 무엇과 비슷한 분인지 what he is like 알려 주십니다. 그 비슷한 모습을 보면서 우리가 더듬거리는 정신으로 "가까이 가지 못할 빛"에 최대한 가깝게 접근하도록 이끄시는 것입니다(딤전 6:16). 그럼으로써 우리의 영혼은 좀 더 까다로운 매개체인 지성을 통해 하나님 자신을 알 수 있는 순간, 성령의 작용을 힘입어 알 수 있는 순간을 준비하게 됩니다. 이처럼 하나님은 불가해한 자신을 짐작할 만한 실마리를 제공하기 위해 유사한 예들을 사용하시는데, 성경을 보면 하나님이 가장 선호하신 예는 **불**이라는 사실을 알게 됩니다. 성령은 "우리 하나님은 소멸하는 불"이라고 명확히 밝히십니다(히 12:29). 이것은 성경 전체에 나오는 하나님의 계시와 일치합니다. 하나님은 떨기나무에서 모세에게 말씀하실 때 불로 나타셨습니다. 광야를 지나는 동안에도 이스라엘 진영 위에 불로 거하셨습니다. 지성소의 스랍 날개 사이에도 불로 거하셨습니다. 에스겔에게 자신을 계시하실 때도 "그 속에서 불이 번쩍번쩍"하는 기이한 광채로 나타나셨습니다(겔 1:4).

> 내가 보니 그 허리 위의 모양은 단 쇠 같아서 그 속과 주위가 불 같고 내가 보니 그 허리 아래의 모양도 불 같아서 사방으로 광채가 나며 그 사방 광채의 모양은 비 오는 날 구름에 있는 무지개 같으니 이는 여호와의 영광의 형상의 모양이라. 내가 보고 엎드려 말씀하시는 이의 음성을 들으니라(겔 1:27-28).

오순절 날 성령이 강림하실 때도 같은 형상이 나타났습니다. "마치 불의 혀처럼 갈라지는 것들이 그들에게 보여 각 사람 위에 하나씩 임하여 있더니"(행 2:3). 다락방에 모인 제자들에게 임하신 분은 바로 하나님이셨습니다. 언젠가 죽을 수밖에 없는 그들의 눈에 불로 나타나셨습니다. 성경을 배워 알고 있던 당시 신자들이 그 불의 의미를 즉시 알아챘으리라는 결론을 내릴 만하지 않습니까? 그들의 오랜 역사 내내 불로 나타나셨던 하나님이 그들 가운데 불로 임하셨습니다. 삶의 바깥에서 안으로 들어오셨습니다. 시은좌 위에 빛나던 쉐키나가 그들의 본성에 침투한 불의 외적인 상징물로 각 사람의 머리 위에 빛나고 있었습니다. 그 불은 속량받은 인간에게 자신을 주신 하나님 자신이었고, 그 불꽃은 새로운 연합을 인치는 도장이었습니다. 그들은 불의 사람이 되었습니다.

이것이 신약성경의 최종 메시지입니다. 예수가 피로 이루신 속죄를 통해 죄로 가득 찬 인간이 하나님과 하나가 될 수 있다는 것입니다. 인간 안에 거하시는 하나님! 기독교의 온전한 효력이 여기 있습니다. 장차 올 세상의 더 큰 영광은, 본질적으로 인간의 영혼이 하나님과 이룬 이 연합을 더 크고 온전하게 경험하는 것에 불과합니다.

인간 안에 거하시는 하나님! 다시 말하건대, 이것이 기독교입니다. 이것을 생생한 현실로 직접 알기 전에는 기독신앙의 능력을 제대로 경험했다고 할 수 없습니다. 다른 것들은 전부 이 경험을 위한 예비과정에 불과합니다. 성육신이나 속죄나 칭의나 중생 모두 구속받은 인간의 영혼에 침투하여 그 안에 거하시는 일을 준비하기 위한 활동 아닙니까? 죄를 짓고 하나님의 마음에서 떠났던 인간이 구속받아 다시 하나님의 마음으로 돌아옵니다. 죄 때문에 인간의 마음에서 떠나셨던 하나님이 원수들을 쫓아내고 옛 처소로 돌아와 자신의 발등상을 다시 영화롭게 하십니다.

교회가 볼 때 오순절 날 나타난 가시적인 불에는 깊고도 애정 어린 의미가 담겨 있습니다. 머리에 그 불이 임하면 구별된 백성이 된다는 사실을 모든 세대에 알려 주었다는 점에서 그렇습니다. 그들은 에스겔이 그발 강가에서 본 것처럼 확실하게 '불의 생물'이 되었습니다(겔 1:13 참조). 그 불의 자국은 신성의 표시였습니다. 그 불을 받은 자들은 영원히 특별한 백성, 불꽃의 아들딸이 되었습니다.

원수가 교회의 생명에 가한 가장 강력한 타격 중 하나는 성령을 두려워하게 만든 것입니다. 오늘날 다른 그리스도인들과 어울려 본 사람은 누구나 그런 두려움이 있음을 부인하지 않을 것입니다. 복되신 보혜사께 서슴없이 온 마음을 여는 자가 거의 없습니다. 성령이 얼마나 오해받으셨고 지금도 널리 오해받고 계신지, 일각에서는 성령의 이름만 언급해도 겁을 먹고 저항하는 이들이 많습니다. 이 터무니없는 두려움의 근원을 추적하기는 어렵지 않지만, 지금 그런 수고를 할 필요는 없습니다. 그런 두려움에 아무 근거가 없음을 지적하는 것만으로 충분합니다. 아마도 성령의 위격과 임재의 상징인 불을 살펴보는 이 일이 그 두려움의 위세를 꺾는 데 도움이 될 것입니다.

첫째로, 성령은 **도덕적인 불꽃**입니다. 성령이 거룩한 영으로 불리시는 것은 우연이 아닙니다. '거룩하다'는 말에 다른 무슨 의미가 있든 간에 도덕적 순결함의 개념이 포함된 것만큼은 분명합니다. 하나님이신 성령은 절대적으로, 무한히 순결하십니다. 그분께는(인간들과 달리) 거룩함의 등급과 차이가 존재하지 않습니다. 성령은 거룩함 그 자체시며 이루 말할 수 없는 순결의 총체이자 정수이십니다.

선악을 구분할 줄 아는 감각이 있는 사람이라면 도덕적으로 부주의하거나 죄의 경계선에 걸친 상태로 살면서 성령 충만을 추구하는 열성적인 영혼들을 볼 때 틀림없이 탄식할 것입니다. 그것은 도덕적으로 모순된 태도입니다. 성령으로 충만해지려 하는 사람, 성령의 내주를 원하는 사람은 무엇보다 먼저 자기 삶에 숨어 있는 허물부터 심판해야 합니다. 성경에 계시된 하나님의 성품에 맞지 않는 것들부터 마음에서 과감히 몰아내야 합니다.

모든 참된 그리스도인의 경험 기저에는 건전하고 온당한 도덕성이 있습니다. 삶이나 행동에 죄가 들어와 있는 상태에서는 정당한 기쁨을 누리거나 합당한 즐거움을 누릴 수 없습니다. 엄청난 신앙 체험을 했다고 해서 순결한 의를 깨뜨린 죄를 변명할 수 있는 것은 아닙니다. 죄 가운데 살면서 감정적으로 고상한 상태를 추구하는 것은 삶 전체를 자기기만과 하나님의 심판에 넘겨 버리는 태도입니다. "거룩하라"는 것은 단순히 액자에 넣어 벽에 걸어 두는 표어가 아닙니다. 온 땅의 주인이 내리신 심각한 명령입니다.

죄인들아, 손을 깨끗이 하라. 두 마음을 품은 자들아, 마음을 성결하게 하라. 슬퍼하며 애통하며 울지어다. 너희 웃음을 애통으로, 너희 즐거움을 근심으로 바꿀지어다(약 4:8-9).

참된 그리스도인의 이상은 행복해지는 것이 아니라 거룩해지는 것입니다. 거룩한 마음만 성령의 거처가 될 수 있습니다.

또한 성령은 **영적인 불꽃**입니다. 오직 성령만 진정 영적인 수준으로 우리의 예배를 끌어올려 주실 수 있습니다. 고상한 도덕과 윤리가 곧 기독교는 아니라는 사실을 분명히 알아야 합니다. 그리스도를 믿는 믿음은 하나님과 실제 교통하는 자리로 우리의 영혼을 끌어올려 주며, 하늘이 땅보다 높은 것처럼 단순한 선량함을 훨씬 뛰어넘는 초이성적인 요소를 우리의 신앙 체험에 가져다줍니다. 성령강림은 사도행전에 이런 초현세적인 특징을 부여했습니다. 이처럼 신비하게 고양되어 있는 사도행전의 분위기는 복음서에서조차 찾아볼 수 없을 만큼 아주 강렬합니다. 사도행전의 음계는 장조인 것이 분명합니다. 피조물이 가진 슬픔의 흔적이나 실망의 그림자나 불확실하게 흔들리는 모습을 찾아볼 수 없습니다. 사도행전에는 천국의 분위기가 있습니다. 단순한 종교적 신념에서는 결코 나올 수 없는 승리의 정신이 있습니다. 초대교회 그리스도인들은 여러 사실을 논리적으로 따져보고 기뻐한 것이 아니었습니다. 그들은 추론하지 않았습니다. "그리스도께서 죽은 자 가운데서 부활하셨기에 마땅히 즐거워"했습니다. 그들의 기쁨은 부활 사건만큼이나 큰 기적이었습니다. 실제로 두 가지는 유기적으로 연결되어 있었고, 지금도 연결되어 있습니다. 창조주의 도덕적인 행복이 구속받은 피조물의 가슴 속에 찾아오면 기뻐하지 않을 수가 없습니다.

또한 성령의 불꽃은 **지성적**입니다. 신학자들이 하나님의 한 속성으로 꼽는 것이 바로 이성입니다. 성령의 가장 깊은 체험과 인간 이성의 가장 높은 성취를 양립 불가능한 것으로 생각할 필요가 없습니다. 다만 그리스도인의 지성은 하나님께 전적으로 드려져야 합니다. 그러면 지성의 능력과 크기에서 비롯되는 제약을 뛰어넘어 자유롭게 활용할 수 있습니다. 축복받지 못한 지성은 얼마나 냉랭하며 치명적인지 모릅니다. 두뇌는 뛰어난데 경건한 신앙에서 나오는 구원의 본질이 없을 때, 인류를 배신하고 세상을 피로 물들일 수 있습니다. 그보다 더 나쁜 점은 자신이 흙으로 돌아간 이후에도 수백 년간 인류에게 저주가 될 사상을 온 땅에 퍼뜨릴 수 있다는 것입니다. 그러나 성령으로 충만한 정신은 하나님께 기쁨이 되며, 선의를 가진 모든 사람에게 즐거움이 됩니다. 다윗이나 사도 요한이나 아이작 와츠 같은 이에게 사랑으로 충만한 정신이 없었다면 세상은 얼마나 큰 보화를 놓쳤겠습니까?

우리는 천성적으로 최상급의 표현을 꺼리며 미덕들을 비교하여 무엇은 칭송하고 무엇은 배제하길 꺼리지만, 하나님의 사랑으로 환히 빛나는 정신만큼 절묘하게 아름다운 것이 세상에 또 있을까 의문입니다. 그런 정신에서는 온화한 치료의 광선이 나오는데, 가까이 다가가면 실제로 그 광선을 느낄 수 있습니다. 옷자락만 만져도 미덕이 흘러나와 복을 줍니다. 예를 들어 베르나르$^{\text{Bernard of Cluny}}$가 쓴 『천상의 나라』$^{\text{The Celestial Country}}$만 읽어 보아도 제 말이 무슨 뜻인지 이해할 것입니다. 그는 내재하시는 성령의 불로 따뜻해진 예민하고 빛나는 지성으로, 최초의 인간이 땅—자신이 그 품에서 나왔고 곧 다시 돌아갈 땅—에 무릎을 꿇은 이래 가슴에 품어 온 불멸의 갈망에 크고도 부드러운 공감을 느끼면서 이 책을 썼습니다. 그 고상한 개념, 죽음을 극복하는 기독교적 정신의 완전한 승리, 영혼에 안식을 주며 정신을 일으켜 세워 황홀한 예배를 드리게 하는 힘은 성령의 감동이 없는 글에서는 거의 찾아보기 힘든 것들입니다. 글쓰기 작법이 창안된 이래 세상의 시인과 철학자들이 쓴 모든 글보다 이 한 권의 찬송집이 고통받는 이들에게 더 큰 치료의 혜택을 끼쳤다는 것이 저의 존경심 가득한 의견입니다. 축복받지 못한 지성은 아무리 확실한 천재성이 있어도 이런 작품을 쓰지 못합니다. 이 책을 다 읽고 책장을 덮는 사람은, 마치 하나님의 바닷가에서 울리는 하프 소리와 스랍의 음성을 들은 듯한 느낌, 엄숙한 확신을 얻을 것입니다.

새뮤얼 러더포드$^{\text{Samuel Rutherford}}$의 서신과 「테 데움」$^{\text{Te Deum}}$, 와츠와 웨슬리의 찬송, 비교적 덜 알려진 성도들—제한된 은사로 인해 기쁨의 어느 한 순간만 내주하시는 성령의 불로 환히 밝혀졌던 성도들—의 작품에서도 간혹 영감에 가까운 이런 느낌을 받을 수 있습니다.

그 옛날 바리새인들의 마음을 망친 병폐는 사랑 없는 교리였습니다. 그리스도는 그들의 교훈에 대해서는 거의 이의를 제기하지 않으셨지만, 그들의 영과는 마지막까지 쉬지 않고 싸우셨습니다. 종교, 성령의 내주하심이 없는 종교가 그리스도를 십자가에 못 박았습니다. 오늘날이었다면 근본주의자로 불렸을 자들이 그리스도를 십자가에 못 박았다는 사실을 애써 부인할 필요는 없습니다. 이것은 오늘날 정통신앙을 자부하는 우리에게 완전히 비참할 정도까지는 아니어도 몹시 불편한 사실입니다. 축복받지 못한 채 진리의 문자로만 채워진 사람은 사실상 우상 앞에 절하는 이방인보다 더 불행합니다. 오직 성령을 통해 하나님의 사랑이 마음에 부어져야, 오순절에 임했던 사랑의 불이 지성 안에 찾아와 거해야, 우리는 안전해집니다. 성령은 사치품이 아닙니다. 그리스도인들의 호사를 위해 한 세대에 한 번씩 가끔 추가되는 분이 아닙니다. 그는 하나님의 모든 자녀에게 반드시 필요한 분입니다. 성령이 그의 백성을 충만히 채우시는 것, 그의 백성 안에 거하시는 것은 우리가 막연히 소망하는 일에 그치지 않습니다. 더 정확히 말해서, 이것은 피할 수 없는 명령입니다.

또한 성령은 **의지의 불꽃**입니다. 다른 경우도 마찬가지지만, 이 부분에서도 불은 성령에 대한 진리를 전부 표현하기에 부족한 이미지입니다. 신중히 사용하지 않으면 잘못된 인상을 받기 쉽습니다. 우리가 매일 보고 아는 바대로 불은 사물이지 인격이 아니므로 자기 의지라는 것이 없습니다. 그러나 성령은 인격적 속성을 가진 인격으로서, 그 속성 중에 하나가 바로 자유의지입니다. 그는 모든 속성을 그대로 가지고 인간의 영혼에 들어오십니다. 부분적으로든 전체적으로든 자신의 속성을 인간의 영혼에 넘겨주지 않으십니다. 성령은 주님이시라는 것을 기억하십시오. 바울은 고린도 교인들에게 "주는 영이시니"라고 했습니다(고후 3:17). 니케아 신경도 "주님이시요 생명을 주시는 성령"이라고 고백하며, 아타나시우스 신경 또한 "이처럼 성부도 주님이시요, 성자도 주님이시요, 성령도 주님이시다. 그러나 세 주님이 아니요 한 주님이시다"라고 선언합니다. 이해하기 어려워도 신자는 이것을 받아들여야 하며, 하나님과 성령에 대한 전체적인 믿음의 일부로 삼아야 합니다. 주권을 가지신 주님이 하나님의 특권을 결코 버리지 않으신다는 것은 굳이 언급할 필요조차 없는 사실입니다. 주님은 어디 계시든 계속 주님으로 행하시는 것이 당연합니다. 성령도 자신의 모습을 그대로 가지고, 주님의 권한을 그대로 가지고 인간의 마음에 들어오십니다.

의지가 중심에서 떨어져 나온 것이야말로 우리 마음의 심각한 질병입니다. 마치 행성이 태양이라는 중심을 벗어나 우주 공간의 낯선 천체, 가까이에서 끌어당기는 천체 주변을 돌기 시작하는 것과 같습니다. "내가 하겠다"고 나서며 정상적인 중심에서 떨어져 나온 사탄은 그 불순종과 반역의 질병을 인간에게 퍼뜨렸습니다. 구속의 계획이 온전해지려면 반드시 이 반역이 고려되어야 하며, 인간의 의지를 하나님의 의지 안에 있는 제자리로 돌려보내는 일이 포함되어야 합니다. 의지의 치료라는 바로 이 근원적인 필요 때문에 성령이 믿는 자의 마음에 은혜로 침투하여 하나님의 전적인 의지에 기꺼이, 자발적으로 순종하게 하시는 것입니다. 의지의 치료는 안에서부터 이루어져야 합니다. 겉으로만 따른다고 치료되는 것이 아닙니다. 의지가 거룩해지지 않는 한, 인간은 마치 자신을 감옥으로 끌고 가는 간수를 마지못해 따르면서도 마음은 여전히 범법자의 상태에 있는 죄수처럼 반역자의 자리에 머물게 됩니다.

성령은 구속받은 자의 의지와 자신의 의지를 합치심으로 내적인 치료를 해주십니다. 그러나 단번에 완성되지는 않습니다. 물론 은혜의 역사가 이루어지기 전에 우리 의지를 그리스도께 전부 넘겨드려야 하는 것은 맞습니다. 그러나 성령 안에서 하나님의 생명과 우리 생명의 모든 부분이 온전히 합쳐지는 일은 피조물인 우리가 조급하게 바라는 것보다 오랜 과정이 되기 쉽습니다. 이 과정에서 가장 앞서 나간 사람이라도 자신이 이미 하나님께 드린 줄 알았으나 사실은 독점한 채 주인 행세를 하고 있는 영역, 자신도 몰랐던 사적인 영역이 여전히 삶에 있는 것을 발견하고 충격을 받으며 원통히 여길 수 있습니다. 성령이 우리 안에 살면서 하시는 일은 바로 이러한 도덕적 불일치를 지적하시고 바로잡으시는 것입니다. 사람들이 간혹 말하듯 성령은 인간의 의지를 '무너뜨리지' 않으십니다. 인간의 의지에 침투하여 하나님의 의지와 기쁜 연합을 이루기까지 온유하게 이끌어 주십니다.

하나님의 뜻을 내 뜻으로 삼는다는 것은 아무 이의 없이 동의하는 태도 그 이상을 의미합니다. 하나님의 뜻을 택하겠다고 적극적으로 결심하는 것을 의미합니다. 하나님의 일이 진척될수록 그리스도인은 자기 뜻대로 자유롭게 선택할 수 있음을 발견합니다. 그리고 하나님의 뜻이야말로 자신이 생각할 수 있는 가장 선한 것임을 깨닫고 기쁘게 그 뜻을 선택합니다. 그런 사람은 인생 최고의 목표를 찾은 것입니다. 그는 그 목표를 찾지 못한 이들이 빠지는 사소한 실망에 빠지지 않습니다. 무슨 일이 일어나든 그것이 자신을 위한 하나님의 뜻임을 압니다. 그 뜻이 이루어지길 아주 열렬히 바랍니다. 그러나 당연히 지적할 점은, 바쁜 시대를 살아가는 바쁜 그리스도인들 다수가 이런 상태에 이르지 못하고 있다는 것입니다. 그러면 그리스도인의 평안은 완성될 수 없습니다. 우리의 기쁨을 해치고 능력을 크게 감소시키는 영적 불안감, 내적 갈등이 계속될 수밖에 없습니다.

내재하시는 불의 또 다른 특질은 **감정**입니다. 이 점은 앞서 하나님의 불가해성에 대해 설명한 내용에 비추어 이해해야 합니다. 본질상 유일무이하신 하나님은 인간의 정신으로 발견할 수 없고 인간의 입술로 표현할 수 없습니다. 그러나 합리적인 명칭을 붙일 수 있는 특질들, 따라서 인간의 지성으로 이해할 수 있는 특질들은 거룩한 성경이 주저 없이 제시해 줍니다. 하나님이 어떤 분인지는 알려 주지 않지만 무엇과 비슷한 분인지는 알려 줍니다. 그것들을 다 합쳐 보면 하나님의 존재에 대한 그림을 멀리서 유리를 통해 희미하게 보듯 머릿속에 그려 볼 수 있습니다.

성경은 하나님이 감정 비슷한 것을 가지고 계신다고 가르칩니다. 우리의 사랑 비슷한 것, 우리의 슬픔 비슷한 것, 우리의 기쁨 비슷한 것을 하나님도 느끼신다고 가르칩니다. 하나님이 무엇과 비슷하시다는 개념을 받아들이길 겁낼 필요는 없습니다. 하나님의 형상대로 우리를 지으셨으니 우리와 비슷한 특질을 가지고 계시리라고 쉽게 추론해 볼 수 있습니다. 그러나 그러한 추론이 지성은 만족시켜 줄 수 있어도 믿음의 근거가 될 수는 없습니다. 우리에게 필요한 모든 근거를 제공해 주는 것은 하나님이 자신에 대해 알려 주신 몇 가지 사실들입니다.

> 너의 하나님 여호와가 너의 가운데에 계시니 그는 구원을 베푸실 전능자이시라. 그가 너로 말미암아 기쁨을 이기지 못하시며 너를 잠잠히 사랑하시며 너로 말미암아 즐거이 부르며 기뻐하시리라(습 3:17).

이것은 하나님이 무엇과 비슷한 분인지 합리적인 그림을 그리도록 도와주는 수많은 구절 중 하나에 불과합니다. 이런 구절들을 보면 하나님이 우리의 사랑이나 기쁨과 비슷한 것을 느끼시며, 그 때문에 우리가 유사한 상황에서 하는 행동과 아주 흡사한 행동을 하신다는 사실을 알 수 있습니다. 사랑하는 자를 크게 기뻐하시고 즐거워하시며 노래하신다는 사실을 알 수 있습니다.

이것은 우리가 알 수 있는 가장 높은 차원의 감정, 하나님 자신의 마음에서 흘러나오는 감정입니다. 느낌은 일부 성경 교사들이 종종 묘사하듯 불신앙에서 비롯된 타락의 산물이 아닙니다. 감정을 느끼는 능력은 우리의 기원이 하나님께 있다는 표지입니다. 눈물이나 웃음을 부끄러워할 필요가 없습니다. 자기 느낌을 억압하는 기독교 스토아주의자는 인간의 3분의 2만 가지고 있는 것이며, 중요한 3분의 1은 거부하는 것입니다.

거룩한 느낌은 주님의 삶에서 중요한 자리를 차지했습니다. 그는 "그 앞에 있는 기쁨을 위하여" 십자가를 참으시고 부끄러움을 개의치 않으셨습니다(히 12:2). 자신을 "나와 함께 즐기자. 나의 잃은 양을 찾아내었노라"고 외치는 사람으로 묘사하셨습니다(눅 15:6). 고뇌의 밤에도 감람산에 올라가시기 전 "찬미"하셨습니다(마 26:30). 부활하신 후에도 큰 회중 가운데서 형제들과 더불어 찬송하셨습니다(시 22:22). 아가서가 그리스도를 가리키는 책이 맞다면(그리스도인들은 대부분 그렇게 믿고 있습니다), 밤이 끝나고 어두운 그늘이 물러난 후 신부를 집으로 데려오는 신랑이 기뻐하시는 이 소리를 어떻게 놓칠 수 있겠습니까?

죄가 몰고 온 가장 큰 재앙 한 가지는 정상적인 감정의 가치를 떨어뜨린 것입니다. 우리는 재미없는 것을 보고 웃습니다. 인간의 존엄성에 미치지 못하는 행동에서 즐거움을 찾습니다. 애정을 쏟지 말아야 할 대상에게서 기쁨을 얻습니다. '죄가 되는 쾌락'에 대한 반발—참된 성도에게 항상 나타나는 특징—은 본질적으로 이런 인간 감정의 타락에 대한 저항입니다. 예컨대 하나님의 형상대로 지어진 인간의 관심을 잡아끄는 도박은 고상한 능력을 무섭게 왜곡한 사례로 보입니다. 쾌감을 자극하는 데 필요한 술은 일종의 매춘으로 보입니다. 인간이 만든 극장을 찾아가 즐기는 것은 우리를 지극히 극적인 동작들로 가득 찬 우주 한복판에 두신 하나님을 모욕하는 짓으로 보입니다. 이처럼 세상의 인공적인 쾌락들은, 삶의 참된 쾌락을 향유할 능력을 상당 부분 잃은 탓에 거짓되고 저급한 흥분으로 대체할 수밖에 없는 인류의 상태를 보여주는 증거에 불과합니다.

성령의 역사 중 한 가지는 인간의 감정을 구속하시는 것입니다. 인간이라는 하프의 현을 다시 조율하시는 것이고 죄로 막힌 거룩한 기쁨의 샘을 다시 열어 주시는 것입니다. 성령이 이 일을 하신다는 것이야말로 성도들의 한결같은 증언입니다. 이 일은 하나님이 세상을 창조하신 모든 방식과 일치합니다. 순수한 쾌락은 삶의 일부입니다. 쾌감 없이 무한히 계속되는 삶을 정당화하기 힘들 만큼 중요한 일부입니다.

성령은 바람에 절로 울리는 하프를 우리 영혼의 창가에 두어, 가장 천한 임무로 부름받을 때라도 하늘의 바람이 아름다운 가락의 음악을 연주하게 하십니다. 그리스도의 신령한 사랑이 우리 마음속에서 계속 음악을 연주함으로 슬플 때도 기뻐할 수 있게 해줍니다.

# 9. 세상이 성령을 받지 못하는 이유

그는 진리의 영이라. 세상은 능히 그를 받지 못하나니. — 요한복음 14:17

신약성경에 기초한 기독신앙은 교회와 세상을 완전히 반대되는 것으로 가르칩니다. 앞 장에서도 간단히 지적했지만, 진리를 찾는 영혼에 워낙 중요한 문제인 만큼 전체적으로 좀 더 다루어야겠습니다.

"오늘날 우리의 문제는 서로 상반되는 세상과 교회 사이에 다리를 놓으려 한 것이며, 성경의 권위 없이 불법적으로 세상과 교회를 결혼시키려 한 것이다"라는 말은 종교적인 상투어에 불과합니다. 세상과 교회의 진정한 연합은 실제로 불가능합니다. 세상과 짝하는 교회는 참된 교회가 아닌 형편없는 합성물, 세상은 비웃고 하나님은 가증히 여기시는 대상일 뿐입니다.

오늘날 많은 교인이(대부분의 교인이라고 해야 하지 않을까요?) 어둠 속에 헤매는 것은 성경이 모호한 탓이 아닙니다. 세상과 그리스도인의 관계에 대한 성경의 선언보다 분명한 것은 없습니다. 이 문제를 둘러싼 혼동은 신앙을 고백하는 그리스도인들이 주님의 말씀을 진지하게 받아들이지 않은 데서 비롯된 것입니다. 기독교가 세상과 얼마나 깊이 얽혀 있는지, 많은 이들이 짐작도 하지 못할 만큼 철저히 신약성경의 본보기에서 벗어나 버렸습니다. 곳곳에서 타협이 이루어지고 있습니다. 세상은 신자인 척하는 눈먼 자의 검사를 통과할 만큼 회칠하고 있으며, 신자들은 세상의 인정을 받기 위해 끊임없이 애쓰고 있습니다. 그리스도인을 자처하는 자들이 사실상 하나님의 일을 소리 없이 경멸하는 자들과 서로 양보해 가며 어떻게든 잘 지내려 하고 있습니다.

 이것은 본질적으로 전부 영적인 일입니다. 사람은 교회의 제도적 처리를 통해 그리스도인이 되는 것이 아니라 새로운 출생을 통해 그리스도인이 됩니다. 그가 그리스도인인 것은 성령이 그 안에 거하시기 때문입니다. 성령으로 태어난 자만 영이 됩니다. 교회 지도자들이 아무리 공을 들여도 육신을 영으로 만들 수 없습니다. 견진성사나 세례나 성찬을 베풀고 신앙고백을 시켜도, 그 모든 일을 다 해도 육신을 영으로 만들거나 아담의 아들을 하나님의 아들로 만들 수 없습니다. 바울은 갈라디아 교인들에게 "너희가 아들이므로 하나님이 그 아들의 영을 우리 마음 가운데 보내사 아빠 아버지라 부르게 하셨느니라"라고 했습니다(갈 4:6). 그리고 고린도 교인들에게 이렇게 썼습니다.

> 너희는 믿음 안에 있는가 너희 자신을 시험하고 너희 자신을 확증하라. 예수 그리스도께서 너희 안에 계신 줄을 너희가 스스로 알지 못하느냐. 그렇지 않으면 너희는 버림받은 자니라(고후 13:5).

또한 로마 교인들에게는 이렇게 말했습니다.

> 만일 너희 속에 하나님의 영이 거하시면 너희가 육신에 있지 아니하고 영에 있나니 누구든지 그리스도의 영이 없으면 그리스도의 사람이 아니라(롬 8:9).

기독교 공동체의 삶 전체에 아주 분명히 나타나고 있는 무서운 혼동의 영역은 그리스도의 제자들이 서로를 따르는 대신 그리스도를 따르기 시작하는 즉시 사라질 것입니다. 신자와 세상에 대한 주님의 가르침은 아주 명백합니다.

진지하지만 아직 깨닫지 못한 친형제들이 청하지도 않은 육신적인 충고를 했을 때, 주님은 이렇게 대답하셨습니다.

> 내 때는 아직 이르지 아니하였거니와 너희 때는 늘 준비되어 있느니라. 세상이 너희를 미워하지 아니하되 나를 미워하나니 이는 내가 세상의 일들을 악하다고 증언함이라(요 7:6-7).

주님은 친형제들과 세상을 동일시하시며, 그들의 영과 주님의 영이 다르다고 말씀하셨습니다. 세상은 주님을 미워했지만 그들은 미워하지 않았습니다. 자기편을 미워할 수는 없기 때문입니다. 스스로 분쟁하는 집은 설 수 없습니다. 아담의 후손은 그 집에 충성해야 합니다. 그렇지 않으면 무너집니다. 물론 육신의 아들들끼리 싸우는 경우도 있지만, 근본적으로 그들은 한편입니다. 그런데 하나님의 영이 오시면 이질적인 요소가 끼어들게 됩니다. 주님은 제자들에게 말씀하셨습니다.

> 세상이 너희를 미워하면 너희보다 먼저 나를 미워한 줄을 알라. 너희가 세상에 속하였으면 세상이 자기의 것을 사랑할 것이나 너희는 세상에 속한 자가 아니요 도리어 내가 너희를 세상에서 택하였기 때문에 세상이 너희를 미워하느니라(요 15:18-19).

바울은 갈라디아 교인들에게 종과 자유인의 차이를 설명하면서 "그러나 그때에 육체를 따라 난 자가 성령을 따라 난 자를 박해한 것같이 이제도 그러하도다"라고 했습니다(갈 4:29).

신약성경 전체에 교회와 세상을 나누는 날카로운 경계선이 그어져 있습니다. 중간 지대는 없습니다. 주님은 어린양의 제자들이 '서로의 차이를 인정하는' 호인이 되어 세상의 방식을 받아들이고 세상의 길로 가는 것을 허용하지 않으십니다. 참된 그리스도인과 세상 사이에는 부자와 나사로 사이만큼 큰 간극이 있습니다. 더 나아가 구속받은 자의 세계와 타락한 자의 세계 사이에도 동일한 간극이 있습니다.

전통적인 양≠ 우리 주변을 배회하는 수많은 세속적인 무리가 이 가르침을 얼마나 불쾌하게 여길지 저도 잘 알고 있으며 깊이 절감하고 있습니다. 저는 유대관계를 통해 양이 되려 하는 종교인들이 틀림없이 제기할 비난, 관용이 없고 편협하다는 비난을 피하지 못할 것입니다. 그러나 교인들과 맺는 유대관계나 종교적인 접촉, 신앙교육을 통해 그리스도인이 되지 못한다는 엄연한 사실을 직시하는 것이 좋습니다. 그리스도인이 되려면 오직 새로운 출생을 통해 성령이 그 사람의 본질에 침투하셔야 합니다. 이렇게 그리스도인이 된 사람은 즉시 새 인류의 일원이 됩니다.

> 너희는 택하신 족속이요 왕 같은 제사장들이요 거룩한 나라요 그의 소유가 된 백성이니……너희가 전에는 백성이 아니더니 이제는 하나님의 백성이요 전에는 긍휼을 얻지 못하였더니 이제는 긍휼을 얻은 자니라(벧전 2:9-10).

저는 지금 맥락을 무시한 채 이 구절을 인용하거나 진리의 다른 측면에 관심을 갖지 못하도록 이 측면에 관심을 집중시키는 것이 아닙니다. 이 구절의 가르침은 신약성경 전체의 진리와 완전히 일치합니다. 마치 바다에서 물 한 컵을 떠낸 것과 같습니다. 대양의 물 전체는 아니지만 대양과 완전히 일치하는 참된 표본입니다.

현대 그리스도인의 어려움은 성경을 오해하는 데 있는 것이 아니라 자신의 길들여지지 않은 마음을 설득하여 성경의 명백한 가르침을 받아들이게 하는 데 있습니다. 우리의 문제는 세상을 사랑하는 마음의 동의를 얻어 말뿐 아니라 실제로도 예수를 주로 삼는 것입니다. "주여, 주여"라고 부르는 것과 주님의 계명에 순종하는 것은 완전히 다른 일입니다. "만유의 주께 면류관 드리세"라고 노래하며 웅장하게 울려 퍼지는 오르간 소리와 낮은 음성으로 화음을 맞추어 부르는 가락에 빠져들 수 있지만, 냉혹한 실제 현실에서 세상을 떠나 하나님의 도성으로 얼굴을 돌리기 전까지는 사실상 아무것도 하지 않은 것입니다. 정말로 참된 믿음은 순종으로 나타나는 믿음입니다.

세상의 영은 강력해서 마치 연기 냄새가 옷에 배듯 우리에게 달라붙습니다. 상황에 따라 모습을 바꿀 수 있어서 선악을 구분하는 감각을 훈련하지 못한 단순한 그리스도인들이 많이 속아 넘어갑니다. 세상의 영은 온갖 진지한 형태의 종교놀이를 할 수 있습니다. 양심의 가책을 느끼기도 하고(특히 사순절에), 신문 지면에서 악한 생활을 고백하기도 합니다. 종교를 칭송하기도 하고, 자기 목적을 위해 교회에 아첨하기도 합니다. 자선운동에 기여하기도 하고, 가난한 사람에게 옷을 보내는 캠페인을 벌이기도 합니다. 다만 그리스도와는 거리를 두며 그의 주되심은 절대 주장하지 않습니다. 그것만큼은 절대 허용하지 않습니다. 참된 그리스도의 영께는 순전한 적개심을 드러냅니다. 세상 신문(항상 세상의 실질적인 대변인 노릇을 하는 신문)이 하나님의 자녀를 공정하게 대하는 경우는 거의 찾아보기 힘듭니다. 호의적으로 보도할 일도 거들먹거리며 비꼬듯 보도합니다. 처음부터 끝까지 경멸조입니다.

세상의 아들들이나 하나님의 아들들이나 한 영으로 세례를 받는 것은 똑같습니다. 그러나 세상의 영과 거듭난 자의 마음에 거하시는 영은 천국과 지옥만큼 서로 다릅니다. 완전히 반대될 뿐 아니라 날카롭게 대립합니다. 땅의 아들들은 성령의 일을 우습게 여겨 재미있어 하거나 무의미하게 여겨 지루해 합니다.

> 육에 속한 사람은 하나님의 성령의 일들을 받지 아니하나니 이는 그것들이 그에게는 어리석게 보임이요 또 그는 그것들을 알 수도 없나니 그러한 일은 영적으로 분별되기 때문이라(고전 2:14).

요한일서는 "그들"과 "너희"라는 말을 거듭 사용하는데, 이 두 말은 완전히 다른 두 세계를 가리킵니다. "그들"은 타락한 아담의 세계에 속한 자들이며, "너희"는 모든 것을 버리고 그리스도를 따르는 택한 자들입니다. 사도는 '관용'이라는(미국에서 제2의 표면적인 종교로 숭배받는) 작은 신에게 무릎을 꿇지 않았습니다. 노골적으로 관용을 베풀지 않았습니다. 그는 관용이 단순한 무관심의 다른 이름이 될 수 있음을 알았습니다. 이 사람 요한의 교훈을 받아들이려면 강한 믿음이 필요합니다. 그보다는 경계선을 모호하게 만들어 아무도 불편하지 않게 하는 편이 훨씬 더 쉽습니다. 경건한 일반론을 펴면서 그리스도인이나 불신자나 전부 "우리"로 부르는 편이 훨씬 더 안전합니다. 하나님의 아버지되심이라는 개념을 확장해서 살인마 잭부터 선지자 다니엘까지 모든 사람의 아버지가 되신다고 말하면, 아무도 불쾌해하지 않고 아주 푸근한 심정으로 천국에 갈 채비를 할 것입니다. 그러나 예수의 품에 기댔던 사도는 그렇게 쉽게 속지 않았습니다. 그는 인류를 두 진영으로 나누었습니다. 구원받은 자와 잃어버린 자, 영원한 상을 위해 부활할 자와 마지막 절망을 위해 부활할 자들로 나누었습니다. 한쪽에는 하나님을 모르는 "그들"이 있고, 다른 편에는 "너희"(또는 "우리"로 인칭이 바뀌기도 합니다)가 있습니다. 그 사이에는 아무도 건널 수 없을 만큼 큰 도덕적 간극이 있습니다.

요한은 이렇게 말합니다.

자녀들아, 너희는 하나님께 속하였고 또 그들을 이기었나니 이는 너희 안에 계신 이가 세상에 있는 자보다 크심이라. 그들은 세상에 속한 고로 세상에 속한 말을 하매 세상이 그들의 말을 듣느니라. 우리는 하나님께 속하였으니 하나님을 아는 자는 우리의 말을 듣고 하나님께 속하지 아니한 자는 우리의 말을 듣지 아니하나니 진리의 영과 미혹의 영을 이로써 아느니라(요일 4:4-6).

이것은 너무나 명백한 말이기 때문에 정직하게 진리를 알고자 하는 사람이라면 혼동하려야 혼동할 수가 없습니다. 반복하건대 우리의 문제는 이해에 있는 것이 아니라 믿음과 순종에 있습니다. "이 구절이 무엇을 가르치는가?" 하는 신학적인 영역에 있는 것이 아니라 "이 구절을 기꺼이 받아들이고 그 결과에 따르겠는가?" 하는 도덕적인 영역에 있습니다. 나는 사람들의 차가운 시선을 견딜 수 있습니까? '자유주의자'의 맹렬한 공격에 맞설 용기가 있습니까? 나의 태도에 모욕감을 느끼는 자들의 증오를 감당할 수 있습니까? 대중적인 종교의 견해에 도전하면서 사도의 길을 따라갈 만큼 정신적으로 독립되어 있습니까? 요컨대 십자가를 지고 피 흘림과 모욕을 감수할 수 있습니까?

그리스도인은 세상과 분리되도록 부름받았습니다. 그러려면 우리가 생각하는 '세상'의 의미(더 중요하게는 하나님이 생각하시는 세상의 의미)가 무엇인지 확실하게 알아야 합니다. 세상을 단순히 외부에 있는 것으로 여기기 쉬운데, 그러면 진정한 의미를 놓치게 됩니다. 극장이나 카드놀이나 술이나 도박 자체가 세상은 아닙니다. 그것들은 세상의 외적인 증상에 불과합니다. 우리가 싸우는 대상은 단순히 세상의 방식이 아니라 세상의 영입니다. 구원받은 자든 잃어버린 자든 모든 인간은 본질적으로 영적인 존재입니다. 신약성경의 의미에서 볼 때, 세상이란 중생치 못한 인간의 본성, 술집과 교회를 가리지 않고 나타나는 인간의 본성입니다. 타락한 그 본성에서 솟아나는 것, 그 본성에 기반을 둔 것, 그 본성의 지지를 받는 것은 전부 세상입니다. 도덕 수준이 높든 낮든 전부 세상입니다.

그 옛날 바리새인들은 종교에 열성적으로 헌신했음에도 세상의 핵심에 속해 있었습니다. 위가 아닌 아래에서 끌어온 원리가 그들의 체계를 받치고 있었습니다. 그들은 예수를 대적하기 위해 인간의 책략을 동원했습니다. 진리를 수호하기 위해 사람을 사서 거짓 증언을 시켰습니다. 하나님을 옹호하기 위해 마귀의 행동을 했습니다. 성경을 지지하기 위해 성경의 가르침을 거슬렀습니다. 종교를 구하기 위해 신앙을 침몰시켰습니다. 사랑의 종교라는 이름을 내세워 맹목적인 증오의 고삐를 풀어 놓았습니다. 하나님을 향한 이 모든 단호한 거역에 나타나는 것이 바로 세상입니다. 세상의 영은 얼마나 사나운지 하나님의 아들을 죽이기까지 쉬지 않았습니다. 바리새인의 영은 적극적이고 악의적으로 예수의 영을 대적했습니다. 두 영은 이를테면 각자 속한 두 세계에서 증류해 낸 정수淨水와 같았습니다.

산상 설교를 이 시대가 아닌 다른 시대에 적용함으로써 그 가르침을 지켜야 할 교회의 의무를 면제해 준 현대의 교사들은 자신들이 무슨 악을 저질렀는지 거의 모르고 있습니다. 산상 설교는 새로워진 자들의 나라가 갖는 특징을 간략하게 보여줍니다. 이 나라의 참된 아들은 축복받은 가난한 자, 자기 죄를 애통해하고 의에 목마른 자입니다. 그들은 온유함으로 원수를 긍휼히 여깁니다. 숨김없이 정직하게 하나님을 응시합니다. 자신을 둘러싼 박해자들을 저주하지 않고 축복합니다. 겸손으로 자신의 선행을 감춥니다. 대적의 뜻에 맞추어 주고자 무진 애를 쓰며, 그들이 자신에게 범한 죄를 용서해 줍니다. 마음 깊은 곳에서 은밀히 하나님을 섬기며, 그가 공개적으로 주실 상을 바라보고 참을성 있게 기다립니다. 폭력으로 이 땅의 소유를 지키지 않고 기꺼이 내놓습니다. 천국에 보화를 쌓습니다. 칭찬을 피하고, 천국에서 가장 큰 자들이 누구인지 알게 될 마지막 날을 기다립니다.

이 견해가 아주 정확한 것이라면, 지위와 자리를 얻고자 경쟁하는 그리스도인에 대해 무슨 말을 할 수 있겠습니까? 칭찬과 명예를 그토록 갈구하는 그리스도인에게 무슨 대답을 할 수 있겠습니까? 세상의 주목을 열망하는 마음이 확연히 드러나는 기독교 지도자들을 어떻게 보아야 하겠습니까? 기독교계의 정치적 야심을 어떻게 보아야 하겠습니까? 더 크고 많은 '사랑의 예물'을 달라고 열렬히 손을 내미는 일을 어떻게 보아야 하겠습니까? 부끄러움을 모르는 그리스도인들의 이기주의를 어떻게 보아야 하겠습니까? 이런저런 인기 있는 지도자들을 거인으로 부풀리는 극심한 인간 숭배를 어떻게 설명할 수 있겠습니까? 건전한 복음 전도자로 알려진 자들이 돈 많은 자들의 손에 비굴하게 입 맞추는 것을 어떻게 보아야 하겠습니까?

이 질문들에 대한 대답은 하나뿐입니다. 이런 증상들이 보여주는 것은 세상, 다름 아닌 세상입니다. '영혼'을 사랑하노라 열정적으로 고백한다고 해서 악이 선으로 바뀌는 것은 아닙니다. 바로 이런 죄들이 예수를 십자가에 못 박았습니다.

사실 이보다 더 심한 증상들, 타락한 인간 본성의 증상들이 세상 나라의 일부를 이루고 있습니다. 천박한 쾌락을 강조하는 쪽으로 조직화된 오락, 부자연스럽고 악한 습관 위에 세워진 거대기업, 정상적인 욕구의 무한정한 남용, '상류사회'라고 불리는 인위적인 세계는 전부 세상에 속한 것들입니다. 전부 육신 위에 세워진 육신의 일부요 육신과 함께 멸망할 것들입니다. 그리스도인은 이런 것들을 피해야 합니다. 이런 것들을 전부 물리치고 절대 참여하지 말아야 합니다. 타협하거나 두려워하지 말고, 조용하지만 확고하게 저항해야 합니다.

이처럼 세상이 더 추악한 측면을 드러내든 더 교묘하고 세련된 모양으로 나타나든, 바로 실상을 알아보고 정면으로 거부해야 합니다. 에녹처럼 우리도 이 세대 가운데 하나님과 동행하려면 반드시 그래야 합니다.

> 간음한 여인들아, 세상과 벗된 것이 하나님과 원수 됨을 알지 못하느냐. 그런즉 누구든지 세상과 벗이 되고자 하는 자는 스스로 하나님과 원수 되는 것이니라(약 4:4).

> 이 세상이나 세상에 있는 것들을 사랑하지 말라. 누구든지 세상을 사

랑하면 아버지의 사랑이 그 안에 있지 아니하니 이는 세상에 있는 모든 것이 육신의 정욕과 안목의 정욕과 이생의 자랑이니 다 아버지께로부터 온 것이 아니요 세상으로부터 온 것이라(요일 2:15-16).

하나님의 이 말씀은 단지 고찰해 보라고 우리에게 주신 것이 아닙니다. 순종하라고 주신 것입니다. 이 말씀을 따르지 않는 자는 그리스도인의 칭호를 주장할 권리가 없습니다.

저는 사람들을 회개로 이끌고 신자를 세상에서 날카롭게 분리해 내지 않는 그리스도인들의 종교적 소동은 그 종류가 어떤 것이든 두렵게 바라봅니다. 하나님 나라의 엄격한 기준을 깎아내리면서 부흥을 일으키려 하는 조직화된 노력에도 의구심을 느낍니다. 그런 것들이 아무리 매력적으로 보인다 해도, 의에 기초를 두지 않고 겸손으로 자라나지 않는다면 하나님께 속한 것이 아닙니다. 육신을 이용하는 신앙운동은 종교적 사기로서, 하나님을 경외하는 그리스도인은 그런 것을 지지하면 안 됩니다. 오직 성령을 높이며 인간의 자아를 버림으로써 번성하는 운동만이 하나님께 속한 것입니다. "기록된바 자랑하는 자는 주 안에서 자랑하라 함과 같게 하려 함이라"(고전 1:31).

10.　　　　　　　　　　성령 충만한 삶

성령으로 충만함을 받으라. ─ 에베소서 5:18




'모든 그리스도인은 성령으로 충만해질 수 있으며 또한 충만해져야 한다'는 것은 그리스도인들 사이에 거의 논란의 여지가 없는 사실로 보입니다. 그러나 어떤 이들은 평범한 그리스도인이 아닌 목회자와 선교사들만 성령이 필요하다고 주장합니다. 또는 제자들이 오순절 날 성령을 받은 정도만큼 우리도 중생할 때 성령을 받기 때문에 회심 이후 더 충만해지길 바라는 것은 잘못이라고 주장하는 이들도 있습니다. 그런가 하면 언젠가 충만해지리라는 막연한 소망을 피력하는 이들도 있고, 자신들이 거의 알지 못할 뿐 아니라 당혹감만 느끼는 이 주제를 피하려는 이들도 있습니다.

여기에서 제가 담대히 주장하고 싶은 바는, 모든 그리스도인이 회심할 때 받는 정도 그 이상으로 엄청난 성령의 부으심을 받을 수 있다는 것이야말로 저의 행복한 믿음이라는 것입니다. 오늘날 정통신앙을 가진 신자들이 누리는 정도 그 이상으로 성령의 부으심을 받을 수 있습니다. 이 점을 분명히 아는 것이 중요합니다. 의심을 품은 채 믿기란 불가능하기 때문입니다. 하나님은 의심하는 마음에 성령을 쏟아부어 놀라게 하지 않으시며, 성령 충만이 가능하다는 교리에 의문을 품는 자를 성령으로 채워 주지 않으십니다.

의심을 없애고 확신에 찬 기대감을 갖고 싶다면 하나님의 말씀 자체를 경건하게 연구해 보기 바랍니다. 저도 신약성경의 가르침에서 제 주장의 근거를 찾아보고자 합니다. 그리스도와 사도들의 말씀을 신중하고 겸손하게 검토했는데도 바로 지금 성령으로 충만해질 수 있다는 믿음이 생기지 않는다면, 다른 자료는 더 이상 찾아볼 필요조차 없습니다. 이런저런 신앙의 교사들이 이 명제에 찬성하느냐 반대하느냐는 별로 중요치 않습니다. 성경이 이 교리를 가르치지 않는다면 어떤 논증으로도 이 명제를 지지할 수 없고, 성령으로 충만해지라는 권고 또한 무가치해집니다.

그렇다고 지금 제가 이 명제의 정당성을 입증해 보이지는 않겠습니다. 탐구자 스스로 증거를 검토해 보기 바랍니다. 신약성경이 성령으로 충만해질 수 있다는 믿음을 보장해 주지 않는다면 이 책을 더 읽는 수고를 하지 말고 덮어 버리십시오. 이제부터 제가 하는 말은 이 교리에 대한 의문을 극복한 사람들, 조건을 채우면 정말 성령으로 충만해질 수 있다고 확신하는 사람들을 위한 것입니다.

성령으로 충만해지기 전에 먼저 **성령으로 충만해지길 확실하게**

**원해야 합니다.** 이 말을 심각하게 받아들이기 바랍니다. 많은 그리스도인이 성령으로 충만해지길 원하지만, 그 열망은 거의 열망이라고 할 수 없을 만큼 막연하고 낭만적인 것입니다. 그들은 성령으로 충만해지기 위해 어떤 대가를 치러야 하는지 전혀 알지 못합니다.

예를 들어 성령 충만한 삶에 대해 배우려고 우리를 찾아온 탐구자, 열성적인 젊은 그리스도인이 있다고 합시다. 우리는 이 질문의 날카로움을 고려하여 최대한 부드럽게 물어봄으로써 그의 영혼을 점검할 수 있습니다. "예수와 같은 온유와 사랑을 가지고 계시지만, 동시에 당신 삶의 주인이 되길 요구하시는 성령으로 충만해지길 원하는 것이 확실합니까? 당신이 아닌 다른 존재, 더구나 하나님의 성령께 기꺼이 당신의 인격을 맡기겠습니까? 일단 당신의 삶을 맡기면 모든 일에 무조건적인 순종을 기대하실 것입니다. 그리스도인들이 대부분 허용해 주고 양해해 주는 자아의 죄를 용인하지 않으실 것입니다. 여기에서 자아의 죄란 자기애, 자기 연민, 자기 추구, 자기 확신, 자기 의, 자기 강화, 자기 방어를 가리킵니다. 당신은 성령이 세상의 쉬운 길, 신앙의 영역 안에 섞여 있는 많은 무리의 쉬운 길과 날카롭게 대립하신다는 사실을 발견할 것입니다. 그는 당신을 놓고 영원히 질투하실 것입니다. 당신 삶의 주도권을 가져가실 것입니다. 당신의 영혼을 위해 시험하고 훈육하며 훈계하는 권리를 행사하실 것입니다. 다른 그리스도인이 즐기는 쾌락들, 그러나 당신에게는 세련된 악의 근원이 될 수 있는 경계선상의 쾌락들을 빼앗아 가실 수도 있습니다. 성령은 이 모든 일을 통해 상실이 유익으로, 작은 고통이 쾌락으로 보일 만큼 크고 강한 사랑, 모든 것을 품으시는 놀라운 사랑으로 당신을 안아 주실 것입니다. 그러나 성령의 멍에를 진 육신은 불평할 것이며, 짐이 너무 무거워 감당키 어렵다고 소리칠 것입니다. 당신은 그러한 고난을 통해 '그리스도의 남은 고난을 그의 몸된 교회를 위하여 내 육체에 채우'는 엄숙한 특권을 누릴 것입니다(골 1:24). 자, 이것이 당신 앞에 제시된 조건입니다. 그래도 성령으로 충만해지길 원합니까?"

이 말이 가혹하게 들리겠지만, 십자가의 길은 결코 쉽지 않다는 사실을 기억합시다. 대중적인 신앙운동의 번쩍이는 화려함은 광명의 천사로 잠시 변장한 어둠의 천사가 퍼덕이는 날개의 광채처럼 거짓된 것입니다. 십자가의 참된 특징을 드러내길 겁내는 영적 소심함은 어떤 이유로도 변명할 수 없습니다. 그것은 결국 실망과 비극을 낳게 되어 있습니다.

성령으로 충만해지기 전에 먼저 성령으로 충만해지고 싶은 열망으로 충만해져야 합니다. 한동안 그것이 삶에서 가장 중요한 일이 되어야 합니다. 다른 일을 할 수 없을 만큼 절실한 일, 피할 수 없는 일이 되어야 합니다. 어떤 사람의 삶에서든 성령 충만의 정도는 참된 열망의 강렬함과 온전히 일치합니다. 실제로 원하는 만큼 받게 되어 있습니다. 성령 충만한 삶의 큰 장애물 한 가지는 오늘날 복음주의적인 그리스도인들이 일반적으로 받아들이고 있는 자기 만족의 신학입니다. 그들의 관점에서 볼 때 절실한 갈망은 불신앙의 증거이자 성경 지식이 없다는 증거입니다. 그 입장이 잘못되었다는 반증을 하나님의 말씀 자체에서 충분히 찾아볼 수 있으며, 그 입장을 고수하는 자들 가운데 참된 성도의 모습이 나타나지 않는 현실에서도 찾아볼 수 있습니다.

깊은 염려와 내적 동요의 기간을 거치지 않고 지금 우리가 다루는 신적인 영감을 과연 받을 수 있을지 의문입니다. 신앙의 만족은 언제나 영적 생활의 적이 됩니다. 성도들의 자서전은 항상 많은 고난과 내적인 고통을 통해 영적 위대함에 이른다고 가르칩니다. '십자가의 길'이라는 표현이 어떤 부류에게는 아주 아름다울 뿐 아니라 심지어 즐거운 것을 의미하지만, 참된 그리스도인들에게는 항상 거절과 상실의 길을 의미합니다. 교수대를 즐기는 이가 없는 것처럼 십자가를 즐기는 이도 없습니다.

더 좋은 것을 추구하다가 완전한 자기 절망의 상태에 빠져 실망한 그리스도인이라 해도 낙담할 필요가 없습니다. 믿음이 수반된 자기 절망은 좋은 벗이 됩니다. 마음의 가장 강력한 원수를 쓰러뜨려 주고, 보혜사가 일하실 수 있도록 영혼을 준비시켜 주기 때문입니다. 철저한 공허감과 실망감, 어둠 속에 갇힌 느낌은(지금 무슨 일이 일어나고 있는지 예민하게 깨닫기만 한다면) 저 멀리 열매 가득한 들판으로 인도하는 음침한 골짜기의 그늘이 될 수 있습니다. 그런데 이런 경험을 오해하여 하나님의 방문을 거부하면, 인자하신 하늘 아버지가 우리를 위해 준비하신 모든 유익을 완전히 놓칠 수 있습니다. 우리가 기꺼이 협조할 때, 하나님은 어머니와 유모처럼 오랫동안 돌보아 주시던 자연스러운 위로를 거두시고, 보혜사 외에는 도움을 받을 수 없는 자리에 우리를 데려다 놓으십니다. 중국인들이 '체면'이라고 부르는 거짓된 가면을 찢으시고, 실제로 우리가 얼마나 형편없이 왜소한 자인지 보여주십니다. 이렇게 하나님과 접촉이 끊어질 때 비로소 우리는 "심령이 가난한 자는 복이 있나니"라는 주님의 말씀이 무슨 뜻인지 알게 됩니다(마 5:3).

그러나 이처럼 고통스러운 징계의 기간에도 하나님께 버림받지 않는다는 확신을 가지십시오. 하나님은 결코 우리를 떠나거나 버리지 않으시며 격노하거나 힐책하지 않으십니다. 언약을 파기하지 않으시며 자신의 입으로 하신 말씀을 변개하지 않으십니다. 눈동자같이 우리를 지키시며 어머니가 자식을 보살피듯 우리를 보살피십니다. 자아가 십자가에 못 박히는 경험이 너무 생생하고 무서워서 "나의 하나님, 나의 하나님, 어찌하여 나를 버리셨나이까"라는 외침만 나올 때에도 그의 사랑은 끊어지지 않습니다(시 22:1, 마 27:46, 막 15:34).

이 모든 것에 대해 올바른 신학을 고수합시다. 자아를 벗는 이 고통스러운 경험에 인간의 공로가 끼어들 자리는 전혀 없습니다. '영혼의 어두운 밤'에는 자기 의라는 위험한 광선이 희미하게라도 비치지 못합니다. 고난을 받는다고 우리가 갈망하는 기름부음을 얻는 것이 아니며, 영혼이 황폐해진다고 하나님께 더 사랑받거나 그의 은총을 더 받는 것이 아닙니다. 자아를 벗는 경험의 가치는 일시적인 삶의 관심사에서 벗어나 영원한 세계를 바라보게 하는 힘에 있습니다. 이 경험은 세속의 그릇을 비워 성령의 부으심을 준비시켜 줍니다.

성령 충만은 우리의 전부를 포기할 것, 내적인 죽음을 겪을 것, 수많은 세월 쌓여 온 아담의 오래된 잔재를 마음에서 치우고 하늘의 손님께 모든 방을 활짝 열어 드릴 것을 요구합니다.

성령은 살아 계신 인격체이시므로 마땅히 인격체로 대해야 합니다. 절대 맹목적인 에너지나 비인격적인 힘으로 취급하면 안 됩니다. 모든 사람이 그렇듯, 성령도 듣고 보고 느끼십니다. 친히 말씀하시며 우리가 하는 말을 들으십니다. 모든 사람이 그렇듯, 성령도 우리 때문에 기뻐하시거나 근심하시거나 침묵하십니다. 성령을 알고자 하는 우리의 소심한 노력에 반응하시며, 길 중간까지 나와 만나 주십니다.

성령으로 충만해지는 중대한 경험이 아무리 놀랍다 해도, 더 큰 일을 향해 나아가는 한 가지 방편에 불과하다는 점을 기억해야 합니다. 여기에서 더 큰 일이란 평생토록 성령 안에 행하는 것입니다. 그 강력한 인격이 우리 안에 거하시면서 지도하시고, 가르치시고, 힘을 주시는 것입니다. 이처럼 성령 안에 행하기 위해 채워야 할 조건들이 있습니다. 거룩한 성경은 우리 모두가 알 수 있도록 그 조건들을 제시해 줍니다.

예컨대 성령으로 충만하게 행하려면 물고기가 바다에 살듯 하나님의 말씀 안에 살아야 합니다. 이것은 단순히 성경을 공부하라는 말이 아니며 성경 교리 '강좌'를 이수하라는 말도 아닙니다. 거룩한 말씀을 "주야로 묵상"하라는 것입니다(시 1:2). 밤낮으로 항상 말씀을 사랑하고, 마음껏 먹고, 소화시키라는 것입니다. 일상사가 계속 관심을 빼앗는 상황에서도 이러한 정신의 복된 반사작용만 있으면 진리의 말씀에 계속 유념할 수 있습니다.

내주하시는 성령을 기쁘시게 하려면 우리의 모든 것을 그리스도께 집중시켜야 합니다. 성령의 현 사역은 그리스도를 높이시는 것입니다. 성령이 하시는 모든 일은 이 궁극적인 목적을 위한 것입니다. 성령이 거룩한 처소로 삼으실 수 있도록 우리 생각을 정결한 성소로 만들어야 합니다. 더러운 천이 왕을 역겹게 하듯이, 더러운 생각은 성령을 역겹게 합니다. 감정 상태가 아무리 급격히 요동쳐도 믿음을 지키는 활기찬 믿음이 무엇보다 필요합니다.

성령이 내주하시는 삶은 어쩌다 남들보다 섬세하고 예민하게 태어난 소수의 희귀한 특권층이 향유하는 기독교의 특별 호화 한정판 상품이 아닙니다. 세상의 모든 구속받은 자들이 정상적으로 누릴 수 있는 삶입니다.

이 비밀은 만세와 만대로부터 감추어졌던 것인데 이제는 그의 성도들에게 나타났고 하나님이 그들로 하여금 이 비밀의 영광이 이방인

가운데 얼마나 풍성한지를 알게 하려 하심이라. 이 비밀은 너희 안에 계신 그리스도시니 곧 영광의 소망이니라(골 1:26-27).

페이버는 감미롭고 경건한 찬송에서 다음과 같은 아름다운 말을 성령께 바쳤습니다.

> 대양이시여, 드넓게 흐르는 대양이시여,
> 창조되지 않은 사랑의 대양이시여,
> 그 바다 물결 흔들릴 때
> 내 영혼 속에서 떨리나이다.
>
> 당신은 끝없는 바다,
> 두렵고 광대하나
> 자신을 줄여 내 좁은 마음에
> 담기시는 바다니이다.